KB105564

돈 걱정
없이
살고 싶은
너에게

돈 걱정
없이
살고 싶은
너에게

김도윤 지음

BOOKER

돈 공부를 시작할 한 줌의 용기

견디기만 해서는 답이 없다

"지금 많이 힘들지? 참고 견뎌내. 지금 그 어려운 거, 다 지나갈 거야……."

취업, 연애, 결혼, 출산, 육아, 자녀 양육…… 주택 구입까지 시간이 지날수록 하고 싶은 것들은 계속 늘어나는데, 선배의 따뜻한 조언처럼 내 미래는 안전한 걸까? 존경하던 직장상사 A의 결혼과 임신. 모두가 축하하며 앞길을 축복했지만, 육아를 위해 사직서를 내고 자리를 정돈하는 A선배의 모습에는 어딘가 모를 쓸쓸함과 불안함이 보였다.

몇 년 후 연락이 닿은 A선배는 재취업 후 주말까지 일을 하고 있었다. '나이는 서른 중반에 아이는 커가는데 통장에 돈이 없더라'라는 A선배의 말에 아무런 말을 할 수 없었다. 어째서인지 나의 미래를 살짝 엿본 느낌 때문인가? 그렇다면 난 지금 무엇을 해야 할까?

이 책은 그런 사람들을 위한 책이다. 돈을 모아야겠다는 의욕은 있지만 어디서부터 시작해야 할지 몰라 막막한 사람들을 위한 책. 희망을 잃고 '내일'을 사는 대신 '오늘'만 살기로 결심한 사람들을 위한 책. 막연하게 돈 걱정 없이 살고 싶다고 생각하는 사람들을 위한 책.

지금이 만족스럽지 않기에 무언가 시작할 한 줌의 용기가 남아 있다면, 아직 끝난 게 아니다.

어디에서부터 시작해야 할까?

6,000원에서 7,000원 사이였던 갈비탕이 몇 년 사이 1만 2,000원을

넘어섰다. 매년 물가는 감당할 수 없을 만큼 오르는데 월급은 왜 지금 자리를 고집하는지 그의 성실함(?)이 답답하기만 하다. 학생 때는 공부 열심히 해서 좋은 대학만 가면 모든 문제가 해결된다고 했다. 좋은 직장에 가서 열심히 노력하면 부자가 될 줄 알았던 철없던 신입사원 시절은 지났다. 시간이 지나 경력과 나이가 쌓이고 철이 들면서, 배우지 않았지만 느낄 수 있었다. 직장 상사의 그 모습이 수년 뒤 내 모습이라는 불안감에 직업까지 바꿔가며 가슴속에 새긴 한마디는 이것이다. "이대로는 안 된다!"

취업하면서 처음 내 손으로 가입한 청약통장. 진지하게 저축을 시작하는 나 또한 남들처럼 내 집 마련을 시작했다고 생각했다. 월급날 자동이체 되는 적금통장을 보면서, 나도 남들처럼 몇 년 뒤에는 1억 이상의 종잣돈이 모일 것이라 생각했다. 그렇게 열심인 나 자신을 위해 멋진 가방에 좋은 옷 한 벌 정도는 선물해도 된다고 생각했고, 사회를 견디려면 여가생활에 재충전도 필요하다는 주변 이야기까지 잘 실행하다 보니, 해외여행도 가 보고 인스타에 자랑할 사진들을 늘려 갈 수 있었다. 상사의 꼰대질을 참아가며 버텨내는 내가 대견했기에, 이 과정이 미래의 내게 무언가 만들어 줄 것이라는 근거 없는 자신감을 품고 언젠가는 좋은 차를 타면서 품위 유지를 할 수 있는 그날을 기대하고 희망을 가졌다.

그런 나에게 현실이라는 것이 하나씩 보이기 시작했다. 몇 년 전 A 선배의 결혼을 보며 사랑하는 사람과의 그날을 꿈꾸어 보았다. 나에게도 다가올 미래라고 생각했지만, 그런 미래는 공짜로 얻을 수 있는 게 아니었다. 그건 단순히 노력의 문제만은 아니었다. 방법을 몰라서 돈을 모으지 못했고, 그 결과는 미래의 내가 떠맡게 되었다.

좋은 대학에 가면, 대기업에 가면, 결혼만 하면, 탄탄하고 멋진 인생이 펼쳐질 것이라는 어른들의 말만 믿고 나는 착각에 빠져 살았다. 하지만 오랜만에 만난 A선배가 가정을 위해 사회에서 더욱더 고생하는 현실적인 모습을 보았다. 술에 취해 눈물을 흘리던 A선배를 보고는 더이상 근거 없는 자신감으로 현실을 부정하며 살아갈 수 없다는 사실을 인정할 수밖에 없었다.

지금 내가 누려야 할 것들이 중요하듯, 미래의 나 또한 더 많은 것들을 누리도록 준비해야 한다. 하고 싶은 것을 참고 저축하는 선배들을 보니, 새삼 그분들이 대단해 보인다. 오늘만 있는 것이 아니라는 것을 이미 깨닫고 참아내는 그들의 발걸음이 나에게 새로운 희망이 된다. 막연하고 암울했을 내 미래는, 지금의 결단을 통해 변화될 수 있을 것이다. 지금 이대로는 안 된다. 그래서 지금부터 한 장 한 장 책장을 넘기며, 나도 누군가처럼. 하지만 조금 더 특별한 무언가를 실천해 보자.

변화의 필요를 느끼고 내가 처음 시작한 것은 주변에 방법을 물어보는 것이었다. 지금 당신처럼 책을 펴고 성실하게 접근하는 것이 아니라, 일단 물어보고 하나씩 실천하며 시행착오를 몸으로 경험한 정보만 믿을 수 있었다. 그렇게 17년 넘게 납득되는 방법을 정리하고,

신입사원과 신규 공무원들을 대상으로 최대한 쉬운 방법으로 강의를 하며 나름의 콘텐츠를 정리할 수 있었다.

나의 시작은 가계부였다. 돈 관리를 하려면 일단 가계부부터 써 보라는 선배들의 조언을 믿고 지출을 기록해갔다. 시간이 흘러 나아진 것이 있었냐고? 사실 남은 것은 5가지 색깔펜으로 깔끔하게 기록된 지출 기록뿐, 내 통장 잔고에는 아무런 변화가 없었다. 이 기록이 내게 어떤 변화를 주는지, 내 주변에는 아무도 설명해 주는 사람이 없었다. 퇴근 후 피곤함을 참고 지출을 기록하며 갖게 된 것은, 수입은 없는데 지출이 많으니 어떻게든 지출을 줄여야 한다는 위화감밖에 없었다. 그 기록을 지속시킬 이유가 내게는 없었다.

나중에야 깨달았지만 당시의 내게 '가계부'라는 존재는, 구구단을 외우는 초보자에게 인수분해를 시키는 것과 마찬가지였다. 가계부는 돈 관리 상급자에게 적합한 도구이기에 나 같은 초보자에게 추천할 방법은 아니라는 것이다. 초보를 위한 자료가 필요하다는 것을 깨달고 수년간 자료를 찾아 헤맸다. 그 결과? 내가 경험하는 세상에 그런 자료는 없었기에 절박했던 나는 스스로 결국 그 도구를 만들기로 결심했다. 개념을 만들어내는 데 수년이 걸렸고 10년 넘게 다듬어 초보다운 돈 관리 방법을 드디어 완성시켰다.

무조건 월급의 절반 이상 저축해야 한다던 성현(?)들의 조언을 실천해 보고 싶었다. [3(단기) : 3(중기) : 3(장기) : 1(위험대비)]라는 재무설계사들의 자산관리 비율도 이해는 되었지만, 사회초년생 때 사기를 당해 큰 빚을 졌던 내가 실천하기에는 비현실적인 이론일 뿐이었다. 똑똑이들의 탁상공론일 뿐 내가 실천하기는 어려운 것들이었다. 내가 할 수 있는 것은 기록에 의미를 두던 가계부와 달리, 목적에 맞게 지출을 분류하는 기존과 다른 방법뿐이었다.

한정된 월급으로 목돈을 만들기 위해서는 꾸준함이 요구되고 지속 가능한 지출 관리가 필요했다.

[지출 카테고리]

'O' 안 쓰면 죽는다	'X' 그 외 모든 지출
생활/마트, 의료/건강, 주거/통신, 교통/차량, 대출 이자, 금융/보험, 불가피한 자산 이동 등.	외식, 카페/간식, 술/유흥, 온라인쇼핑, 백화점/패션, 뷰티/미용, 학습/교육, 문화/예술, 스포츠/레저, 여행/숙박, 경조사/회비, 부모님 용돈, 기타 지출 등.

망하는 것을 걱정하지 말고 내가 아무것도 '안' 하는 것을 걱정하라

테슬라를 창업한 일론 머스크가 처음 사업을 시작할 때 가장 많이 했던 걱정은 '망하면 어떡하지?'라는 생존에 대한 것이었다고 한다. 연구에 몰두하던 그는 어느 날 오렌지와 소시지만으로 하루를 보내게 되면서, '이렇게만 먹으면서 하고 싶은 일을 할 수 있다면 나는 얼마나 버틸 수 있을까?'라는 생각을 하게 되었다. 30달러로 오렌지와 소시지 한 달 치를 구입하며 몇 달 살아 본 결과, 연구에 집중하며 가끔 아르바이트로 30달러 정도는 벌 수 있다는 확신을 가지고 안정적인 창업을 시작했다고 한다.

나 또한 빚 해결을 우선으로 하며 무조건 저축하고 궁핍하게 살던 때가 있었다. 이런 생활이 이어지자 몸과 마음도 지쳐갔고 주변 사람들도 하나둘씩 떠나갔다. 이 절박한 방법은 지속될 수 없다는 확신을 갖게 되었고, 일론 머스크가 적용한 기준을 나에게도 적용하기로 했다. 기존의 복잡한 지출 구분을 버리고 대신 가장 단순한 형태인 'O, X' 2가지 형태로 구별해 보았다. 마이너스 해결과 생존이 병행되어야 했기에, 최소한의 생존지출 금액을 정의하고 이외의 모든 돈을 저축하기로 했다.

이 책은 통장의 잔고를 늘려가자는 분명한 목적을 가지고 집필을 했다. 원고를 준비하는 동안 가계부를 이쁘게 정리해서 관리도 해 봤고, 세상 복잡한 기준을 세워 100가지도 넘는 지출 항목 구분하며 디

테일을 살려 관리도 해 보았다. 가계부라는 고전(?)을 실천하는 데는 많은 시간과 관심을 요구받는다. 이것을 지속하며 기다릴 만큼 내 마음은 여유롭지도, 성실하지도 않았다. 나의 지출은 적당한 건지, 내가 어떻게 해야 내 통장 잔고가 불어나며, 수년 내에 내가 하고 싶은 것을 이룰 수 있는지, 그 가능성은 얼마나 되는지가 궁금했다. 가계부 작성에만 모든 에너지를 쓰기 싫었기에 자동으로 이루어지는 시스템화에 관심을 가졌고, 그 결과 나는 지금 가계부를 쓰지 않고도 돈을 제어하는 방법을 연마할 수 있었다.

기존의 책과 이 책의 가장 큰 차이점은 '가심비'라는 요소에 있다. 예를 들면 '똑같은 핸드폰이면 저렴한 샤오미' vs '핸드폰은 역시 아이폰' 이 가운데 선택하라 했을 때 동일한 기능이라면 더 저렴한 샤오미를 선택하는 사람이 있다. 하지만 이와 달리 나의 만족을 위해서라면 추가 비용은 기꺼이 지불하며 애플 제품을 선택하는 것이 바로 가심비다. 지속 가능한 지출 제어는 이성도 감성도 아닌 감정에 따라 만족도가 달라진다는 것이 나의 주장이었다.

돈 쓰고 후회하는 상황을 줄이기 위해서, 지출별 평가를 A, B, C라는 3단계로 구별하였다. 타임머신을 타고 돌아가도 그 지출은 또 실행할 것이다 = A(만족), 글쎄…… 고민되는데 = B(애매), 시간을 돌이킬 수 있다면 그 지출은 하지 않을 것이다 = C(후회).

우리는 가계부 전문가나 재무설계사의 이론과 달리, 내 개인 상황에 따라 저축 가능한 여력을 구분하기 위해 O, X라는 초보용 돈 관리를 실천할 것이며, 이후 나의 후회되는 지출 항목을 적군으로 설정하여 세는 돈을 막아 주는 ABC 중급용 돈 관리를 실행해 볼 것이다. 여기서 더 나아가 구체적으로 지출을 관리하겠다면 상급용인 시중의 가계부를 활용하면 된다. 이제까지 접해오던 방식과 전혀 다른 개념이라 낯설 수 있겠지만, 사용자들이 개개인별로 나다운 지출 관리를 할 수 있으리라 자신 있게 말할 수 있다. 수년간 현장에서 받아 온 피드백을 바탕으로 내린 결론이다. 아래는 지출 관리 지도와 전략, 전술, 핵심 키워드를 정리한 것이다.

[지출 관리 지도]

3P	ㄱ. 지출 관리 목적(Purpose)	'텅장'의 '통장'화
	ㄴ. 지출 관리 방법(Process)	단계별 실행안
	ㄷ. 지출 관리 효과(Product)	누적액 증대 가시화

전략	전술	핵심 키워드
실행 계획, 달성 방법	목표 달성형 구체적 행동	—
0. 수입/투자 관리	ㄱ. 목표 관리	성과 및 가치
1. 지출 관리	ㄴ. 시간 관리	플래닝, 타이밍
2. 저축 습관	ㄷ. 통장 관리	우선순위
3. 부채 관리	ㄷ. 사람 관리	역지사지, 파트너
4. 목표 관리	ㅁ. 리스크 관리	위험대비
5. 지속 관리	ㅂ. 멘탈 관리	지속력, 파트너
통장 누적액을 높이기 위해서 필요한 관리들	지출 제어가 지속 가능한 자기관리 영역들	—

그래서 이 책에서 뭘 알려줄 수 있는데?

이 책에서 다룰 내용은 여러 개지만 가장 대표적인 것은 지출 관리 습관이다.

통장 잔고를 늘려주는 근본적인 수입관리는 직업선택과 취업, 경력관리라는 별도의 영역에서 다루어져야 할 것이다. 그리고 시중에 가장 많이 보급된 투자 관리는 수입만으로 부족하기에 분명 필요한 기술이기는 하지만, 종잣돈 자체가 없는 우리에게는 아직 다른 세상 이야기이기 때문에 이 내용 또한 제외한다.

수입은 사장님의 뜻에 달렸고 투자는 시장의 흐름에 따라 결정해야 하는 것이기 때문에 내 마음대로 할 수 없지만, 지출 관리는 내 노력으로 개선시킬 수 있다. 내가 노력하면 실현 가능한 지출 관리 습관을 기름으로써 미래의 나를 위해 지속 가능한 돈 관리 근육을 키울 수 있을 것이다.

학교를 졸업하기 전부터 아르바이트를 하며 수입 활동을 하는 이들도 있겠지만, 대부분의 사람들은 졸업 → 입사 → 신입사원 → 직장생활(경력 관리) → 이직, 전직/창업 준비 → 퇴사/은퇴의 과정을 거친다. 그 가운데 지출이 압도적인 결혼이라는 이슈가 존재하며, 이는 솔로 → 연애 → 결혼 → 임신, 출산 → 육아, 양육 → 교육, 학부모 → 자녀 대학 → 자녀 결혼, 은퇴 형태로 구성된다. 관리는 곧 습관이다. 부자가 되는 습관이라는 건 결국 자신의 리스크(대출, 건강, 사회적 이슈 등)와 저축을 관리하는 것으로 귀결된다. 학교에선 돈 관리하는 법을 가르쳐 주지 않았지만, 이 책을 통해 내 현 상황과 나아갈 길을 파악해서 후회되는 돈 관리를 하지 않았으면 좋겠다. 나와 같은 시행착오는 겪지 않기를 진심으로 바란다.

목차

소비 습관만 바꿔도 부자가 될 수 있다고?

4부

계획편

목적 없이 모은 돈은 허무하게 사라진다

5부

유지편

돈은 습관이다

1부
___

지출편

소비 습관만 바꿔도
부자가 될 수 있다고?

01장

"내가 많이 쓰긴 하나 봐"

내 통장이 텅장인 근본적 원인

적은 액수이기는 하지만 매달 월급을 꼬박꼬박 받고 있다. 짠돌이, 짠순이로 살겠다고 다짐한 적은 없지만 그렇다고 하고 싶은 것을 마음껏 하는 것도 아니다. 친구들과 만나면 맛있는 밥 한 끼 먹고, 가끔 커피 좀 사 마시고, 계절 바뀌면 옷 몇 벌 구입하는 정도로 삶을 지속해 왔다. 그런데 문득 이런 생각이 든다.

'일한 지 5년 차인데, 왜 통장에 돈이 하나도 없지?'

연봉이 3,000만 원이라고 계산해도 5년이면 1억 넘게 벌었다는 뜻인데, 내가 그 돈을 다 썼다고? 이렇게 한 푼조차 없다는 것이 너무나 이상하다. 타 부서의 동기는 3,000만 원밖에 못 모았다고 한숨을 내쉬는데, 내 통장은 '텅'장……. 모은 돈은 없고 매월 날아오는 공과금이며 카드값을 내는 것만으로도 숨이 차는 것만 같다.

'나만 그런가? 아니! 그런 것 같지는 않다.'

돈 모으는 그들이 대단한 거지, 대부분 친구들은 나와 똑같은 문제로 한숨을 쉰다. 그러니까 너무 심각하게 생각하지 말자. 지금도 눈치 보며 직장생활 하기 답답한데 내 미래까지 어둡다니 인정하고 싶지 않다. 나도 모은 돈으로 해외여행도 가 보고, 사고 싶었던 명품 가방도 들고 데이트도 하고 싶다. 결혼자금도 만들어서 사랑하는 사람과의 멋진 미래를 그려 보고 싶은데…… 내가 너무 허황된 생각을 하고 있는 건 아니지? 근데 왜 다들 돈을 안 모으지?

아니야. 돈 모았다고 굳이 자랑을 하고 다닐 건 아니지. 정말 돈 없는 건 나만 그런 거고, 다들 통장에는 차곡차곡 쌓아가면서 엄살 피우는 거 맞지? 갑자기 불안한 마음이 가득해진다.

'상황을 반전시킬 계기가 필요하다? 아니! 이미 그런 건 충분히 있어 왔다.'

결단을 못 하고 내가 미뤄 왔을 뿐이다. 오늘은 이번 달 지출을 계산해 볼까? 그래 지금의 나를 제대로 살펴볼 필요가 있어. 돈을 벌긴 버는데, 왜 맨날 나는 돈이 모자란 걸까?

내비게이션이 길을 찾아 줄 때 가장 중요한 것은 현재 내 위치를 정확하게 인식하는 것이라고 한다. 그래! 성공으로 가는 돈 관리 출발 1단계는 '나를 아는 것'이다. 절약도 저축도, 내 수입 안에서 나 스스로 할 수 있는 범위를 알고 계획을 세워야 목적지까지 갈 수 있다. 계획은 매번 세우지만 계획대로 되지 않을 때 허무해지고 노력하던 것을 자꾸 포기하게 된다. 자꾸 포기했던 그 상황이 생기지 않도록 실천 가능한 나의 지금 상태를 먼저 파악해 보자.

인정해야 한다. 내 통장에 잔고가 100만 원도 되지 않는다는 점. 대출이 있으니까 지금 내 재산은 마이너스라는 사실을 인정해야 제대로 시작할 수 있다. 그동안 지출해 온 것들은 현실이고 사장님은 지금 내 월급을 대폭 인상할 계획이 없다. 이게 팩트다. 사실을 인정하고 일단 큰 그림을 그려 보자. 나의 실수령액은 225만 원 정도이고 매달 반복해서 나가는 지출은 ①월세, ②공과금과 관리비, ③핸드폰,

인터넷 비용, ④교통비에 ⑤식사비, ⑥학자금 대출, ⑦청약이랑 보험료, ⑧부모님 용돈 정도인가? 퇴근 후 맥주 한잔, 주말에 치맥도 반복 지출인 건가? 퇴근 후 지하철역 앞에서 떡볶이를 사 먹거나 매주 주말이면 친구들 만나서 밥 먹는 거……. 적다 보니 나 돈 많이 쓰는 거 맞는 거지.

적다 보니까 나 돈 많이 쓰는 거 맞는 거지? 그런데 다들 이 정도는 쓰지 않나? 나는 교통비도 아낀다고 본가에 몇 달에 한 번만 내려가는데, 이렇게 가끔 쓰는 건 매월 지출로 안 넣는 거겠지? 아 맞다, 카드 할부. 스트레스 푼다고 가끔 쇼핑을 하거나 술 한잔 마시는 데 나가는 비용들! 과한 거 같지는 않은데 합치니까, 어디보자, 헉!

아……! 그랬구나. 나는 현재 수입에 넘치는 지출을 하고 있었다. 카드 할부를 알차게 활용한다 했지만 한도액이 점점 줄어들고 있다는 사실을 인정해야 했다. 현 상황을 지속하면 돌이킬 수 없다는 것을 잠깐 사이에 확인할 수 있었다.

내가 이걸 모르고 있었나? 아니다. 이미 알고 있었지만 외면하고 있었고, 인정하고 싶지 않았던 것이다. 해결 방안을 고민해야 한다. 일단 수입 활동은 유지해야 하기에, 생활하면서 지출은 생길 수밖에 없다. 일단 내가 사용하는 한 달 지출을 전부 기록해 보자.

학자금 대출	22만 원
월세	45만 원
관리비	10만 원
교통비	5만 5천 원
카드 할부	75만 원
통신비	7만 원
대출 상환	16만 원
N×× 등 유료 구독비	1만 4천 원
엄마 용돈	20만 원(매달은 아니지만)
청약통장	10만 원
보험료	6만 5천 원
이번 달 나간 축의금	10만 원
홈쇼핑 반품 나간 택배비	3천 원 등 소소한 지출도······.

그 합계만	228만 7천 원

계산해 보니 분명하다. 월급보다 많은 돈이 매월 지출되고 있다는 걸 인정해야 했다. 매월 알차게 사용하니 저축이 불가한 상황이란 걸 인정하지 않았기에 저축은커녕 카드값에 대출금만 계속 늘어나는 중이었다. 이렇게 지출을 기록한다고 나아지는 건 없겠지만 고해성사를 한 것처럼 무언가 시작할 수 있을 것 같다. 나는 이제, 무엇부터 시작해야 하나 현실을 들여다봐야 한다.

아무리 그래도 난 억울해!

아무리 그래도 난 억울하다. 내 지인들은 차도 뽑고 명품 가방도 몇 개씩 있고, 휴가면 해외로 여행을 다닌다. 상대적으로 난 과하다 할 만한 지출은 하지 않고 있다. 난 괜찮은 거라 생각해 왔지만 계산해 보니 내 상황에 지금 지출이 과하다는 걸 인정해야 한다. 퇴근 후 녹초가 되는 내가 저녁과 주말을 활용해 추가 수입을 만들 수 있는 처지도 아니고, 누구처럼 부모님께서 용돈을 보내 주시는 것도 아니니까 지금 지출에 조정은 반드시 필요하다. 결단이 필요한 것은 나도 알고 있지만 단번에 끊어내는 것이 가능할지 고민이 되는 것이 사실이다. 내가 할 수 있는 영역을 다시 한번 찾아보도록 하자.

나에게 있어서 어쩔 수 없는 지출이 무엇일까? 애쓴다고 아낄 수 없는, 꼭 필요한 지출을 적어 보자.

학자금 대출 22만 원
대출 상환 16만 원
월세 45만 원
관리비 10만 원
교통비 5만 5천 원
통신비 7만 원
그리고
카드 할부 75만 원

기존 대출과 월세, 교통비 등은 내 신용과 현재 생활을 유지하기 위해 반드시 필요한 지출이다. 여기서 굳이 지출을 줄여야 한다면 카드 할부를 줄일 수 있다. 아래는 내 의지로 절약이 가능할 것 같은 영역이다.

NXX 등 유료 구독비 1만 4천 원
엄마 용돈 20만 원(엄마가 좋아하시지만 이게 없어서 생활이 안 되시는 건 아니니까……)
청약통장 10만 원
보험료 6만 5천 원
이번 달 나간 축의금 10만 원
홈쇼핑 반품 나간 택배비 3천 원 등 소소한 지출 등…….

내가 볼 때 과한 지출은 없는데…… 여기서 더 아낀다면 내가 굳이 집 떠나서 돈 번다고 여기 와 있는 게 의미가 있나? 퇴근 후 맥주 한 잔, 고생한 나를 위해 만화 카페 가끔 가서 스트레스 풀어 주는 건 있어야 하지 않나? 아끼는 것도 중요하지만, 이것을 지속할 수 있는 절제된 행복비용 정도는 필요하다고 생각하는데…… 이것도 사치인가?

일단 현실은 알았을 것이다. 월급을 올릴 수 있는 게 아니라면 이제는 매월 카드 소비를 50만 원 미만으로 조정해야 한다. 목표 숫자

를 적었으니 이를 위해 쓰고 후회되는 항목들을 찾아서 절제를 시작
하자. 당장 없음이 가슴 아픈 건 맞지만, 내년에는 분명 더 나아질 것
이기에 견딜 수 있다.

02장

반복하자, 작심삼일

수백억 부자들이 고민하는 3가지

"돈이 부족해. 더 많은 돈이 필요해!"라는 마음과 의지만으로 통장 잔고는 변화되지 않는다. 그렇다면 사람들은 어떻게 자산을 늘려가는지, 이미 알고 있는 뻔한 얘기라며 구박받더라도 방향과 방법을 정리해 보는 시간은 가져야 할 것 같다. 돈 많이 벌었다는 사람들의 이야기를 맹신하고 무조건 따라 하는 것보다, 그들이 이야기하는 방향성이 무엇인지, 그리고 내가 실천할 수 있는 방법은 무엇인지를 판단해 보아야 한다. 필자가 만났던 성공한 사람들이, 그들의 주머니를

든든히 채우기 위해 고민한 것은 다음 3가지였다.

① 수입 증대: 어떻게 하면 수입을 지금보다 더 늘릴 수 있을까?
② 투자 실현: 부동산도 좋고 주식, 코인도 좋다. 가진 돈을 불리는
   방법은 무엇이 있을까?
③ 지출 절제: 덮어 놓고 쓰다 보면 거지꼴을 못 면한다. 무엇을 더
   아껴야 하는가?

필자가 살펴보았던 돈에 대한 시중의 자료들은, 스마트 스토어, 해외 직접구매, 유튜브 영상 촬영 등으로 매우 다양했다. 추가 수입 창출에 성공한 사람들의 이야기를 들으면 가슴이 설레였지만 정작 내가 할 수 있는 것은 보이지 않았다. '걱정부터 하지 말고 일단 시작하라'는 조언도 맞는 말이었지만, 월급의 노예로 살다보니 나의 시간은 없고 체력에 멘탈까지 탈탈 털리고 말았다. 직장생활 자체가 힘겨운 나에게, 퇴근 후 무언가를 시도하는 것은 무리인 데다가 지속하기도 어려울 거라는 판단이 들었다.

직장 생활과 병행할 수 있는 투자에 대한 자료들은, 내가 보유한 종자돈과 규모가 달랐다. 작은 돈으로나마 주식은 시작해볼 수 있지만 부동산처럼 큰 돈이 들어가는 투자에 대한 정보는 내게 있으나 마

나인 다른 나라 이야기였다. 시중에서 쉽게 접할 수 있는 것들은 많지만, 내 마음을 움직여서 실천까지 이어지도록 만드는 정보는 거의 없었다. 지인 소개로 접하게 된 투자 정보 중에는, 투자 금액의 3배, 4배 수익을 기대할 수 있는 것도 존재했다. 하지만 그 투자를 하기 위해서는 최소 1,000만 원 이상의 종잣돈이 필요했다. 나는 대출금을 상환하는 것만으로도 삶이 버거웠기에 그런 투자는 시도조차 하지 못했다.

결국 내가 할 수 있는 것은 지금 쓰고 있는 돈을 절약하고 월급 안에서 저축 및 투자를 할 돈을 마련하는 것인데, 이미 다른 사람들의 엄청난 수익을 눈으로 보고 귀로 들은 터라 성실하게 시간을 견뎌내야만 하는 것이 답답하게만 느껴졌다. 결국 아무것도 실천하지 못하고 수년이 지난 지금도 내 텅장은 잔고 없이 후회만을 가지고 있다. 돌이켜보면 더 나은 통장 잔고를 위해서는 이렇게 일확천금을 노리는 정보보다는, 안정적인 수입을 만들어 주는 취업, 진로교육 등이 느리지만 훨씬 적합하고 필요했던 정보였다고 생각한다.

수년간 실천 없이 암울한 미래를 두려워하던 내가 가장 후회하는 것은 '지출을 절제하는 것' 외에는 다른 뾰족한 방법이 없다는 것을 더 빨리 인정하지 못한 것이다. 허황된 수익은 내가 실천할 수도 없고 지속시킬 수도 없는 것이다. 투자가 아닌 투기로 수익을 기대하며 아무것도 못 하던 나는 더 절박한 상황에 이르고 나서야 강제적으로 지출 절제를 실천하게 되었다.

꼭 기억하기 바란다. 절박함이 커질수록 마음이 급해지고 포기가 빨라진다. 조금이라도 더 여유 있는 지금이 바로 무언가를 시도할 최적기이다. 자, 지출 제어가 최선이라는 현실을 자각했다면 이제 작은 것부터 실천해 보자. 하나하나 꾸준히 시도하다 보면 어느새 꽤 많은 돈이 통장에 있을 것이다.

작은 목표를 세우고 달성하는 횟수를 늘려라

'덜 써야지'와 같은 막연한 목표는 내 통장 잔고를 변화시키지 못한다. '얼만큼'이 '덜' 쓴 것인지 확실한 기준이 없기 때문에, 실패가 확정된 목표라고 할 수 있다. 눈으로 확인할 수 있는 구체적인 목표를 세워야 하는데, 절약과 다이어트를 동시에 성공한 사례가 있어서 간단히 소개해 본다.

횟수 다이어트로 지출 횟수를 줄이는 것은 가장 효과적인 다이어트 방법 중 하나다. 먹을 때마다 칼로리를 계산하는 복잡함을 내려놓고 먹고 싶은 것은 그냥 먹는다. 대신 먹는 횟수를 계산한다. 식탁에

2030 직장인, 저축이 어려운 가장 큰 이유

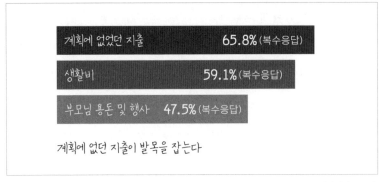

계획에 없던 지출이 발목을 잡는다

[자료 : 한국금융콘텐츠연구소 / 설문대상 : 만20세 이상, 수도권 20~30대 직장인 300명]

놓은 쿠키 하나도 먹는 횟수로 카운팅하며 먹는 횟수를 철저히 계산한다. 그러면 아차, 하는 순간에 쿠키 한 조각을 먹느라 식사 기회 한 번을 놓칠 수도 있다.

같은 개념으로 지출의 횟수를 계산해 보자. 출근할 때 교통비, 출근 후 커피 한 잔, 근무 중 커피 한 잔, 점심식사, 그리고 무언가(디저트), 근무 중 간식(또는 담배) 등 지갑이 열리는 순간순간의 횟수를 적어 보며 숫자를 줄이다 보면 소비 자체가 줄어들고 짜투리 돈이 절약되며 간식을 먹는 횟수도 줄어든다. 이는 흡입하는 칼로리 제어로까지 이어져 다이어트까지 가능해진다.

매일 빵을 먹던 H군의 사례다. 그는 빵 가게에 들어가면 평균 4천

36

원 정도의 지출을 하루 2번, 주 6일은 실천하며 매월 20만 원 이상의 고정 지출을 하고 있었다. 그래서 횟수 다이어트를 실천하기로 했다. 빵집에 방문하면 첫 방문은 계산하지 않고 되돌아 나왔고, 계산 시에는 꼭 1개 이상의 빵은 반품하며 구매 개수를 조절했다. 빵은 하루에 동전만 한 쿠키를 포함해서 2개까지만 섭취했다. 그 결과 하루 1번, 주 4일, 월 8만 원의 지출로 40% 절약을 실천했고, 첫 달은 3kg 다이어트까지 성공시켰다. 나의 의지를 믿지 말고 지정된 숫자를 줄여가며 만족감을 늘려 보자.

하고 싶은 것을 구체화(형상화)시켜라

술을 좋아하는 C군은 차량을 교체하고 싶어서 차량 구입 시 선수금을 현찰로 모으려 결심했다. 노력의 일환으로 이번에 나온 신모델 사진을 지갑에 넣어 두고 계산할 때마다 바라보며 집었던 물건을 내려놓는 횟수를 늘려갔다. 그 결과 물건 구입 횟수가 줄어들고 차량 구입을 위한 통장 잔고는 보전되었다. 갖고 싶은 것일수록 성공 확률은 올라간다. 다만 저축 기간이 너무 길거나 감당 못 할 큰 금액은 너무 오래 걸려서 중간에 포기할 확률이 매우 높기에 주의해야 한다.

작은 목표를 세우고 달성 횟수를 늘리라는 첫 번째 조언을 기억하자. 작은 목표를 세우고 구체적인 금액과 사진을 끼워 넣고 소소한 지출을 위해 열었던 지갑을 다시 닫는 경험을 늘려가자. 카운터 앞 점원분에게는 민망한 일이지만 그 불편함의 대가로 나는 신모델의 차주가 되어 있을 것이다.

적군을 곁에 두자

C군의 아내는 남편의 다이어트를 위해 회사 동료 B씨에게 한 가지 제안을 했다. 회사 동료 B씨의 식비도 함께 입금된 카드를 드릴 테니 남편(C군)과 함께 식사할 때 대신 결제해 달라는 것이었다. 남편이 면과 빵으로 식사를 대신하는 경우가 너무 많아서, 그런 걸 먹을 때에는 남편 밥값을 계산해주지 말고 일반적인 식사 시에만 계산해 달라는 요청이었다. 동료는 남편 놀리는 재미도 있고 식비도 지원해 주니 기분 좋게 협조했고, 3개월도 안 되어 5kg 다이어트를 실현할 수 있었다. 식비가 2배 늘었지만 건강이라는 우선순위를 위해 아내는 이 지출을 강행했다.

이처럼 우선순위라는 것을 응용하면 다양한 영역에서 사용할 수 있다. 나의 절제를 돕는 누군가를 곁에 둔다면 혼자 할 수 없는 것을 해낼 확률이 높아진다. 좋은 사람을 곁에 두면 작심삼일을 극복할 확률이 높아진다.

거절 멘트를 구체적으로 정하자

막연하게 참으면 병이 난다. 다이어트를 위해 먹을 때마다 몇 그램인지 계산하며 절제해서 먹는 분을 본 적이 있다. 의지가 있다면 다이어트에는 성공할 수 있지만 성격이 나빠질 수가 있다. 반면, 금지 음식을 정해서 성격도 보존하고 다이어트에도 성공한 사례가 있다. 이 방법은 샐러드를 먹을 땐 드레싱은 안 뿌린다고 말하고, 햄버거를 먹을 땐 빵 뚜껑은 먹지 않는 것이다. 밥을 먹을 때는 한 숟가락씩 떠서 밥 잘 먹는 친구에게 덜어 준다. 또한 튀긴 음식은 피부에 안 좋다는 멘트까지 미리 정해 놓으며, 야식 등을 주문할 때 친구들의 선택까지 막을 수 있다. 나의 이러한 편식(?)을 주변에 널리 인식시키면, 친구들과 밥을 먹을 일이 있을 때 주변에서 먼저 나서 과식을 하려는 나를 만류한다. 내 주변 사람들에게 지금 나의 결심을 인식시켜 나의 다이어트와 지출 제어를 돕는 아군들로 만들어 보자.

내가 강의를 하며 만난 사람들 중에는 이런 경우도 있었다. 친구들이 모이면 늘 밥값을 먼저 내는 J군. 사달라고 하면 괜히 미안한 마음이 든다며 먼저 계산하는 것이 반복되자, 친구들은 이제 당연히 J군이 밥값을 낼 거라 생각하게 되었다고 한다. 물론 다른 비용(당구장, 카페, 피시방 등등)은 친구들이 내고 있지만 J군이 생각하기에는 식비가 다른 비용에 비해 현저히 높았다. 친구에게 밥을 사주는 것이 싫은 것은 아니지만 이제는 당연해진 이 상황이 부담스러워서 친구들을 못 만나겠다고 고민하는 그에게 한 가지 제안을 해 보았다. "친구들에게 솔직하게 말하는 게 어렵다면 만났을 때 밥값을 선불로 내면 어떨까요?"

그건 '오늘은 내가 2만원 낼 테니 나머지는 너희가 내'라고 하며 지출할 금액을 미리 제한하는 방법이었다. 충동 구매를 줄이기 위해 마트에 장보러 갈 때, 미리 지출할 금액을 계산하여 그 금액만큼만 들고 쇼핑에 임하듯, 친구들과 식사할 때에도 기꺼이 지불할 수 있는 만큼만 먼저 제한하는 것이다.

많은 사람들은 매번 긴장하며 위기에 대비하는 것을 어려워한다. 일시적인 절제는 의지로 가능할 수 있지만 이를 지속하는 것은 매우 큰 스트레스로 이어진다. 따라서 이성과 감정과는 상관없이 사용할 수 있는 금액에 제한을 만들어 버리자. 수입이 늘더라도 그 제한 안에서 사용하는 습관을 가지고 남은 금액들을 저축해야 돈이 모인다. 더 높이 뛸 수 있는 벼룩을 제한된 통 안에 두면 더 이상 뛰어나갈 수 없듯, 지출 제어 또한 스스로에게 기회를 주는 것이 아니라 애초부터 제한을 걸어 놓아야 지속 가능한 것이 된다. 지출에 너그러운 나 자신을 믿지 말자. 상황에 닥쳐서 절제하는 건 어려우니, 미리 제어하는 습관을 만들어 보는 것은 어떨까?

03장

무조건 안 써도 궁상

— 소비 기준

여기서 더 허리띠를 졸라매라고?

돈이 부족하다고 느낀다면 가계부로 지출을 관리해 보라는 지인
의 권유로 카드와 통장 사용 내역 등을 검토해 보았다. 하나하나 지
출을 기록하고 카드와 통장 사용 내역 등을 정리했지만, 그곳에서는
큰 문제를 찾아내지 못했다. 수입의 절반 이상을 저축해야 한다는 교
과서적인 조언에는 동의하지만, 대출 상환에 월세까지 내야 하는 나
의 상황에서 저축을 실천하려면 외부생활을 모두 끊고 산 속으로 가
야 하는 거 아닌가 반문하게 된다.

내가 접했던 조언, 서적, 방송에선 나중을 위해 지금 참는 것이 맞다고 강조한다. 충분히 설득은 되지만 결코 실천은 되지 않는다. 현재의 삶이 절박하기에 개선을 시도해 보지만 그것을 지속하기에는 너무나 많은 어려움과 갈등이 가득하다. 행복하려고 하는 건데, 지금 이렇게 고통스러운 게 맞는 건지 수없이 반문하지만, 이 질문에는 아무도 답변해 주지 않는다. 그냥 견뎌내야 하고, 그 어려움을 견뎠기에 달콤한 열매를 얻는 것이라는 막연함……. 그렇게 성공한 사람이 있으니 그 방법이 맞다고? 견디지 못한 내 의지가 약한 거라고? 그런 부분이 없지는 않겠지만 그 말이 옳다고 절대 인정할 수 없었다.

사람마다 성격이 다르고 성향이 다르며 상황이 다르고 상태가 다르다. 그러나 돈을 모으려면 가계부를 써야 한단다. 가계부가 바이블이라나? 지금은 분명히 말할 수 있다. 가계부란, 지출 관리의 수많은 방법 중 하나일 뿐 모두에게 적합한 것은 아니라고. 내가 지속할 수 있는 방법은 무조건 참는 것이 아니라 쓸 땐 쓰고 아낄 땐 아끼는 것이었다.

다이어트로 간단하게 예를 들어 보자. 무조건 굶는 것이 아니라 적당히 먹어야만 다이어트 지속이 가능하다. 아예 안 먹으면 더 빨리 살을 뺄 수 있겠지만, 그 결과는 요요현상에 시달리며 건강이 나빠진 몸에 불과하다. 낭비는 지양해야 하지만, 나의 삶을 안정적으로 유지

시켜 주는 기분 좋은 지출은 반드시 필요하다. 나는 그것을 '행복비용'이라고 정의해 보았다. 지출은 무조건 나쁜 것이 아니다. 소중한 분과의 뜻깊은 식사 자리에서 지불되는 비용, 사랑하는 부모님의 피로 회복을 돕기 위해 사용하는 안마기 비용 등은 후회되지 않는 가치 있는 지출들로 무조건 아껴서 만지게 되는 목돈보다 훨씬 큰 만족감을 줄 수 있다.

지나친 의지가 부른 부작용도 한번 살펴보자. 여행을 좋아하는 A군은 매월 주말을 이용해 항공 마일리지를 축적하며 행복을 쌓아 왔다. 추억이 넘치는 만족감 있는 삶이었지만 사랑하는 사람이 생기고 결혼이라는 그림을 그리게 되면서 결혼 비용을 마련해야겠다는 목표가 생겼다. 하지만 저축은 고사하고 쌓여 있는 카드 할부 해결이 코앞에 닥쳐서 결국 가족에게 손을 벌리는 등 주변에 민폐를 끼친 다음에야 모든 지출을 끊고 저축하기로 결단하였다.

여행도 당분간 참기로 했고, 밥값이 비싸니까 다이어트도 할 겸 도시락을 싸서 다니기로 했다. 그 결과 혼자 밥 먹는 횟수가 늘어났고 자연스레 턱선도 살아났다. 출퇴근 시 반드시 들려야 했던 별다방도 끊었다. SNS에 올리던 일상을 중단하니 소소한 지출도 줄어들었다. 이처럼 할 수 있는 모든 지출을 최소화하였다. 혼자는 절제하기 힘들어서 자린고비로 소문난 선배에게 조언을 구하고 과한 지출

지적을 부탁하며 돈 쓰는 하나하나를 보고했다. 통장 잔고는 조금씩 늘어나는 듯했지만, 어느 순간부터 A군은 선배에게 연락을 하지 않게 되었다.

그러던 어느 날, 오랜만에 A군은 선배를 찾아갔다. A군은 선배에게 무작정 참는 대신 자신에게 맞는 방식으로 저축을 하기 시작했다고 고백했다. 다만, 과한 지출은 자제하고 행복비용을 지출할 경우에는 자신의 상태에 도움이 되는지를 꼼꼼히 따져본다고 말했다. 만약 이런 지출이 없었다면 지금까지 저축을 계속할 수 없었을 거라는 말은 덤이었다. 무조건 참는다고 돈이 모이는 것은 아니었다. 나를 위한 행위임을 인지하고 할 수 있는 만큼의 절약 기준을 세우는 것이 지속 가능함을 유지하는 현명한 방법이다. 이를 꼭 기억하자.

먹을 때마다 칼로리를 계산하는 등 스트레스를 감당하면서 다이어트에 성공하는 사례를 종종 보곤 한다. 하지만 누적된 스트레스는 위와 유사한 사례처럼 요요로 이어지는 경우가 많다. 지출 제어는 다이어트와 달리 참아내야 하는 기간 자체가 다르기에 성공하기가 더 어려울 수 있다. 남들의 방법은 적극적으로 참고할 뿐, 그것이 정답이라는 접근은 금물이다. 올바른 지출 제어? '올바른'이라는 기준은 사람마다 다르기에 정답은 없다.

우리 조금 다른 방법으로 행복해지자

공간이 생기면 다른 것으로 그것을 채워 넣어야 그 형태가 지속될 수 있다. 참아서 생기는 빈자리는 행복, 또는 만족감으로 채워 넣지 않으면 지속할 수 없다. 그것을 얻기까지 그 시간을 견뎌내기 위해서는 나에게 행복을 주는 포인트를 탐구해 봐야 한다. 내 방법을 찾아내야 성공 확률이 높아진다. 지금까지는 돈을 쓰는 가장 쉬운 방법을 선택했을 것이다. 좋은 물건을 구입하고, 좋은 곳을 구경하고, 좋은 음식을 먹는 데 비용이 지불되면 만족스럽게 내 삶이 유지된다. 더 크고 많은 나중의 행복을 위해 수많은 사람들이 당장의 고통을 참아내지만, 우리는 조금 다른 방법으로 행복감을 늘려가 보면 좋겠다.

행복을 감소시키는 키워드를 공략해 보자. '후회'라는 단어를 줄이고, 행복감을 늘리는 것이다. 앞으로 수없이 반복해서 언급될 '가심비'를 활용하자! 돈 쓰고 후회되는 감정을 기록하면, 내가 아껴야 하는 항목들이 보인다. 돈 쓰고 후회해 본 경험, 다들 가지고 있지 않은가? 그 항목들을 기록하면 통일한 패턴을 발견할 것이다.

예를 들어 보자. 빵을 좋아하는 H군은 빵집을 지날 때면 당장 배가 부르더라도 무조건 들어가서 빵을 구입한다. 나중에 먹을 거라나? 지출 후에는 가계부에 '간식비'라고 기록하는 등 구입과 기록에 성실

⑵하던 그는 어떤 부분이 문제인지 인식하지 못했다. 그러던 중 '가심비'라는 단어를 접하게 되었다. 그 이후, 그는 지출 기입 방식을 변경하게 되었다. 지출 후에는 항목 구분이 아니라, 잘 샀는지, 후회되는지 등의 감정적인 부분을 기록하기 시작한 것이다. 집에 돌아와 먹지도 않을 빵이 가방에 들어 있는 것을 볼 때면, 노트에는 간식비가 아닌 '후회'라는 단어를 기록했다. 1개월간 기록된 대부분의 후회가 가장 좋아하는 빵 때문이었음을 확인한 H군은, 이후 귀갓길에 위치한 빵집을 들르지 않기 위해 다른 골목으로 돌아가기 시작했다. 그렇게 빵 소비를 줄이니 후회도 줄어들고 돈은 늘어나 저축할 여력이 생겼으며, 살도 빠졌다고 한다.

어떻게 해야 저축의 압박감을 줄일 수 있을까?

목표를 수정해서 스트레스를 줄이는 것도 절약 과정에서 행복감을 높이는 방법일 수 있다. 결단한다고 하루아침에 모든 상황이 달라질 수는 없기에 목표 기간을 늘려 보는 것이다. 1년 내 1,000만 원을 모으겠다는 목표가 있다면 한 달에 100만 원씩 저축하면 되지만, 실제로 한 달에 100만 원 저축은 유지하기 힘들 수 있다. 그러면 1년이 아닌 3년으로 기간을 변경하여 압박감을 줄이면 된다. 12개월에서 36개월로 늘어나니까 한 달에 28만 원씩 저축하면 되는데, 빨리 목표를 달성하는 것이 더 행복하다면 지금을 견디고, 지금의 압박감을 견딜 수 없으면 더 긴 시간을 인내하면 된다. 이건 할 수 있을 것 같다는, 내 마음이 덜 힘든 상황을 목표로 설정하여 스트레스를 줄이고, 할 수 있는 것은 하나씩 늘려가며 유지해 보는 거다. 절박함을 가지고 급하게 덤벼 본 시도는 수없이 많았다. 하지만 목표달성은 숨 쉴 여지가 있어야 가능성이 커진다. 사람마다 숨 쉴 만한 여력은 정도 차이가 매우 심하다. 어떤 재테크 전문가는 무조건 끊으라고 하지만 절제로 인한 금단현상이 동반되면 목표 달성 위험률이 상대적으로 급상승할 수 있다.

저축을 못 하는 이유는 저금할 여유가 없기 때문이다. 잔액이 부족하기 때문일 수도 있지만, 그럴만한 마음의 여유가 없다는 게 더 큰 이유일 수 있다. 지출하는 항목을 적다 보면 특별히 과한 지출이라 보이지 않는데 지출 총액이 많은 경우가 많다. 아껴야 하는데 어떤 항목을 아껴야 할지 찾지 못해 상담을 요청하는 사례가 대부분이다. 막연하게 참으려 하지 말고 기록하며 내 마음 상태를 찾아가 보자.

내가 행복해지기 위해 여행에 대부분의 지출을 실천하던 A군은 더 행복한 결혼을 위해 사랑하는 사람과 해외여행 대신 국내에 있는 명산 등반에 도전하며 항공료를 줄여 결혼 비용을 모으고 있다. 무조건 참아내는 것이 아니라, 내가 행복해질 수 있는 방법을 찾아서 미래의 나에게 투자할 수 있는 숨통을 확보해 보면 어떨까?

04장

하루 5분이면 충분한 지출 기록

당신이 가계부를 쓰지 못하는 2가지 이유

제한된 월급으로 하고 싶은 것이 많았던 나는, 주머니에 수첩을 넣어 두고 동전을 내는 경우까지 지출을 놓치지 않고 기록하며 돈 관리에 열을 내던 적이 있었다. 남들보다 제대로 관리해 보겠다며 지출분류 항목을 100개 이상으로 만들어 세분화했었고, 매일 퇴근하고 1시간 넘게 5가지 색으로 화려하게 가계부를 기록해 보기도 했었다. 자랑일까? 아니, 그만큼 남들보다 더 돈 관리에 진심이었다는 어필일뿐, 자랑할 만한 경력은 아니다. 자랑할 수 없는 이유는 그 과정이 나

50

의 통장 잔고에 아무런 변화도 주지 않았기 때문이다.

돈이 절실하다며 관리 방법을 묻는 나에게, 가계부는 왜 안 적냐며 구박을 넘어 면박까지 주는 경우도 많았다. 너는 절박하지 않다면서⋯⋯ 돈 관리는 무조건 가계부를 적어야 하는데 기본이 안 되어 있다나? 그래서 물어봤다. 당신은 쓰냐고. 대답은? "지금은, 안 써요!"

내 주변에서는 아직 나만큼 진지하게 지출 기록에 진심인 자는 보지 못했다. 그럼에도 불구하고 가계부 작성을 유지하지 못했던 이유는 2가지이다. 하나는 내가 성실하지 못해서라고 사람들이 말했다. 그럴 수 있다. 하지만 가계부 작성을 포기가 아닌 스스로 중단했던 진짜 이유는, 시간과 정성을 들인 만큼 통장 잔고에 변화가 없다는 사실때문이었다. 살아 보니 삶은 생각보다 훨씬 치열했다. 사회초년생 때 사장에게 사기를 당해서 써 보지도 못한 수억 원을 갚아야 했기에 사회생활은 남들보다 더욱 절박했다. 퇴근 후 지쳐 쓰러져 기절하듯 잠들고 잠깐 쉬자고 앉았다가 잠들어 아침 알람 소리에 깜짝 놀라 입던 옷을 그대로 입고 튀어 나가던 나는, 이럴수록 돈 관리를 해야 한다며 부들부들 떨리는 눈꺼풀을 꼬집으며 가계부를 적곤 했었다.

"생각보다 쓰는 돈이 많구나. 큰일이다. 돈 쓰면 안 되겠다."라는 식의 위화감을 주는 동기부여 외에는 가계부가 나의 지출 제어에 어떤 영향을 끼쳤는지 난 그때 몰랐었다. 결론부터 말하자면, 나는 이제 가계부를 점검 차원에서 적어 볼 뿐 얽매이지 않는다. 이제 돈에 절박하지 않아서가 아니라 지출 제어를 생활 습관으로 만들었기 때문이다. 지출 시에는 의식적으로 나에게 묻고 결제를 판단한다. "이거 안 쓰면 죽냐?"

지출한 모든 것을 놓치지 않고 기록하려는 성실한 사람은, 기억나지 않는 현금 지출이 있는 상황에 대해 매우 큰 스트레스를 받고 자책한다. 가계부 포기는 의지 문제라고? 의지가 없는 사람은 아예 쓰지를 않는다. 가계부는 실질적 효과가 없다는 계산이 빠른 사람과, 투입 시간 대비 효과가 덜하다는 효율성 우선인 사람이 작성을 포기하는 경우가 많다. 돈에 절실하지만 지출 기록을 반복해서 포기하는 초보자를 위한 지출 기록 방법이 없을 리 없다고 생각했다. 수년을 찾아 헤매던 중, 이건 돈을 아는 사람들이 일부러 안 가르쳐 주는 거라고 확신하며 결국 이 패턴을 스스로 만들기에 이르렀다.

지출 관리를 위해 기록하던 가계부 포기 계기는, 생활비인지 교육비인지 자기관리 비용인지 지출 항목을 분류하는 것이 어렵다는 데 있었다. 이마트에서 구입한 물건은 식자재, 간식, 티셔츠, 슬리퍼, 전구, 마우스 등 다양한데, '마트'라고 쓰는 건 아닌 것 같고 하나씩 나누어 항목에 대입하는 건 지금 내가 뭐 하는 건가 싶고……. 항목 구분 과정에서 가계부 작성을 수만 번 포기했다.

OX지출로 당신의 통장을 살려라!

돈은 평생 관리해야 할 것이기에, 지속 가능한 방법은 단순하고 단순하고 단순해야만 한다. 컴퓨터는 똑똑하다고 생각하지만 그들이 인식하는 것은 '1' 그리고 '0' 2개뿐이다. 이것들을 나열하고 조합해서 프로그램들이 만들어진다는 것에서 착안해 100개 넘게 세분화시켜 온 지출 항목 구분을 2가지로 단순화시켰다.

OX지출 구분은 지출을 2가지로 구별하는 방법이다.

1. O: 안 쓰면 죽는다
2. X: 그 외 모든 지출

돈 관리에 실패하는 많은 이들의 공통점은 누군가의 성공 방식을 그대로 따라 한다는 점에 있다. 누군가는 이 방법으로 성공했지만 본인에겐 맞지 않을 수 있다. 내가 정우성과 같은 옷을 입는다고 그 스타일을 낼 수 없는 것과 마찬가지다. 그에겐 멋진 옷이지만 체형이 다른 나에겐 어울리지 않을 수 있다. 내 체형에 맞는 옷을 찾아야 한다. 그 기준을 알아야 한다. 이 책에서 정의하는 지출 항목 구분은 스스로 정하는 법을 안내하는 것이다.

강의 후 가장 많이 받는 질문 중 하나는, "저축은 월급의 몇 퍼센트가 적당한가요?"라는 것이다. 일론 머스크가 실천한 한 달 30달러(오렌지와 소시지)처럼, 내가 살아가는 데 있어서 반드시 지출해야 하는 금액을 계산한 뒤 그 이외의 금액에서 비율을 나눠야 한다. 저축, 투자, 부채 상환, 꿈 비용 등 비율을 정해 나만의 여력을 계산해야 한다. OX지출 구분은 당신에게 자신만의 오렌지와 소시지 찾는 방법을 안내하는 것이다. 당신은 얼마면 한 달을 살 수 있는가? 당신이 저축하는 목적을 달성하기 위해 지금의 얼마만큼을 참아낼 수 있는가? 무조건 아낀다고 해서 좋은 게 아니다. 적합한 선을 찾는 것이 OX지출의 핵심이다.

시나리오

당장 결혼자금을 마련해야 한다며 월급에 야근수당까지 합한 금액을 저축하고 주말에 아르바이트를 해서 번 돈만으로 수개월을 생활하던 친구가 결국 응급실에 실려 갔다. 병원비가 더 나왔고 오랜 치료 시간이 필요했다. 결혼 시기를 늦추고 이런 문제는 함께 해결했으면 좋았겠다고 생각했던 약혼자는 이 상황을 듣고 결국 떠나갔다. 더 중요한 것을 놓치면 아무것도 얻을 수 없기에, 아무리 급박한 상황이라도 써야 할 것까지 아끼려는 무모함을 내려놓는 용기도 필요하다.

1시간 넘게 출근하면 피곤하다고 회사 앞에 오피스텔을 얻어 주는 엄마를 둔 신입사원과 회사까지 왕복 4시간이 넘어서 회사 앞에 고시원을 등록해서 출퇴근을 하는 신입사원의 연봉은 같다. 같은 연봉이지만 생활비 지원을 해 주는 엄마를 둔 신입사원과 본인의 학자금 대출을 상환하고 있는 신입사원의 저축 가능한 범주는 다를 수밖에 없다. 그런데 월급의 반은 무조건 저축해야 한다고? 터무니없는 소리다.

하지만 어쨌든 우리는 결국 지출을 줄이는 방법을 선택하여 종잣돈을 마련한 뒤 다음 단계를 밟아서 목돈을 모아야 한다. 그렇다면 지출을 매번 기록하는 방법보다 지출 후 후회하는 횟수를 줄여 보자. 지출 기록을 해야 한다면, 후회되는 지출과 잘한 지출을 구분해야 한다. 그리고 후회되는 지출을 저축으로 전환하는 식의 목적에 따른 지출 관리를 실행하는 게 좋다. 언제, 어디서, 누구와, 어떻게, 얼마나 그 지출을 했는지보다, 다시 그 상황이 와도 또 지출할 것인지 판단하는 것이 초보자에게는 더 효과적인 지출 기록이 아닐까 싶다. 기록은 돌이켜 보고 개선시키기 위한 근거 자료가 되어야 한다. 복잡하게 기록하고 흔적을 남기는 것이 아니라, 현 상황을 개선시키기 위한 근거, 그 내용이 확인될 수 있는 기록이 필요한 것이다.

우리는 대부분 후회한다. '아…… 이걸 꼭 사야만 했던가? 괜히 샀다'라는 마음. 돈 쓰고 하는 후회는 너무나 허무하다. '어쩔 수 없었어……'라는 지출만 한다면 우리는 더 큰 비율의 통장 잔고를 유지할 수 있을 것이다. 필자는 이 생존에 절대적인 이 지출을 생존지출이라고 부르기로 했다. 쉽게 말하면 "그거 안 쓴다고 죽냐?"라고 물었을 때 '응!'이면 O, '아니'면 X로 구분을 하는 것이다.

[사례1] 부산에 살던 친구가 서울에 취업했다. 출퇴근은 불가하니까 회사에서 멀지 않은 곳에 원룸을 계약하고 월세를 지불한다. "월세? 그거 안 낸다고 죽냐?"
- 응! 안 내면 쫓겨나서 살 수 있는 곳이 없어.
  생존지출 O

[사례2] 난 커피 없으면 안 돼. 매일 별다방 커피 2잔은 마셔야지. 안 그러면 죽을 것 같아!
- 아니, 커피를 안 마신다고 죽지는 않아: 생존지출 X

[사례3] 카드 할부. 안 갚아서 나 신용불량자 되면 어떻게 해.
- 이건 무조건 내야 해! 근데 그렇게까지 왜 썼냐? 갚기는 해야 하니 지출은 해!
- 근데 할부를 해서라도 써야 할 중요한 지출이었어?
- 지출은 하지만 기록은 기준에 맞게 하자: 생존지출 X

하지만 X로 구분되는 지출 중에서도 내 숨이 막힐 것 같아서, 정말 힘들어서 지출하는 것도 있다. 이는 사치와는 약간 다른데, 앞에서 언급했던 '행복비용'이 바로 이것이다. 행복비용을 얼마나, 어떻게 놓느냐는 본인의 소득과 지출 습관, 패턴에 달려 있다. 중요한 지점은 소비가 사치가 되느냐, 휴식이 되느냐는 것이다. 그 선을 잘 알기 위해서는 저축하는 습관, 소비 패턴을 돌아보는 습관을 쌓아 자기 자신의 현 상태를 알 수 있어야만 한다. 결국 재테크는 자기 자신을 아는 것에서부터 시작되는 것이다.

2부
___
저축 편

쓰고 남은 돈을 저축하지 말고,
저축하고 남은 돈을 써라

01장

저금통은 졸업하고 예·적금의 세계로

새는 돈을 모으는 것부터 시작하자

꼼꼼한 돈 관리를 다짐한 당신, 오늘부터 지출 하나하나를 꼼꼼히 챙겨보기로 한다. 하지만 지출 중에는 자연스럽게 현금이 사용되기 마련이다. 게다가 동전이 생기는 상황들을 바쁜 일정 중에 다 메모하는 것은 어려운 일이다. 완벽을 기하는 성격일수록 이런 실수 하나에 집착하고 아예 돈 관리 자체를 포기해 버리는 경우가 많다. 나의 경우가 그랬다. 성실하지 못하다는 지적도 많이 들어 봤지만, 제대로 하지 못한다는 상황을 그냥 넘어가는 게 싫었다. 그러나 그건 나 자신을 잘 몰라서 하는 행동일 수 있다.

아직 나는 돈 관리가 익숙하지 않다. 외국어를 사용할 때 어설픈 문법으로 더듬거리며 말하는 게 싫어서 입 자체를 다물어 결국은 외국어를 배우지 못하듯, 돈 관리도 처음이라는 현실을 인정하고 그냥 해 보는 게 중요하다. 10개의 지출 중에 절반을 놓친다 하더라도 메모하는 습관을 만들면서 실수를 줄여가는 것은 분명히 도움이 된다. 돈 관리는 학교에서도 가르쳐 주지 않기에 생활 속에서 스스로 배워야 하는 것이다. 평생 배워야 하기에 급하게 완벽하게 할 욕심을 낼 필요는 없다. 이런 실수의 과정에서 활용하기 좋은 것이 저금통이다.

저금통을 문 근처에 올려 두고, 퇴근할 때 주머니에 있는 모든 현금은 저금통에 넣어 보자. 들고 다니면서 사라지듯 없어지는 현금들을 보관하여 손실을 최소화하는 것이다. 그리고 저금통 옆에는 메모지를 두고 잔돈이 생긴 출처를 메모해서, 그 상황을 떠올리고 반복되지 않도록 대응할 수 있는 법을 고민한다. 물론, 대부분의 문제는 한 번에 해결되지 않는다. 몇 년이 지나도 실수가 반복될 수 있다. 하지만 잔돈을 들고 다니며 아무렇게나 사용해서 후회했던 상황은 해결할 수 있다. 지폐는 관리가 잘 되지만 동전은 하찮게 느껴질 수 있다. 그러니 그 상황을 개선시켜 보자. 이 책에서 이야기하고자 하는 지출 관리는 후회되는 상황을 최소화시키자는 목적을 가지고 있다. 어렵게 번 소중한 돈을 사용하는데 왜 난 후회해야 한다는 말인가?

저금통에 수십 년 동안 돈을 보관해도 물가상승률은 반영되지 않는다. 그렇기에 습관을 만드는 데 활용하기 위해서 저금통에 저축하는 금액의 양이 많은 것보다 사용 빈도수가 많은 것이 좋다. 저금통은 중간에 빼서 사용하지 못하도록 막힌 것이 좋다고 배웠지만, 내 생각은 달랐다. 채워지기를 기다리지 말고 바로바로 CMA(은행영업일 매일 이자가 붙는 통장으로, 최근에는 매일 포인트가 붙는 카카오뱅크 세이프박스나 토스뱅크 저금통에 넣어둔다. 이자율이 좋은 게 특징이다)로 이동해서 관리한다. '돈에도 인격이 있어서 막 굴리면 돈이 네게 다가오지 않는다.'라는 이야기처럼, 동전이 주머니에 굴러다니지 않도록 즉각적으로 저금통에 넣어 푼돈을 관리하자.

또한 모든 동전의 출처를 메모함으로써 돈의 흐름을 파악할 수 있음도 기억해두자. 필자는 동전이 지폐로 바꿀 수 있는 단위가 되면 CMA 통장에 입금했는데, 그 입금액은 매일 이자가 붙어 뒷자리가 변하는 것을 보는 재미에 은행 방문 횟수가 자연스럽게 늘어났다. 그 모인 금액이 10만 원 단위가 되면 적금으로 옮겨두거나 펀드에 입금하고, 그 적금이 500만 원 단위로 쌓이게 되면 예금으로 전환했다.

이처럼 푼돈이라 불리는 동전들을 점점 더 키워 가는 과정을 소중하게 관리하며 좋은 습관들을 만들기 위해 노력하는 것이다. 지폐는 앞뒤를 맞추고 구겨지지 않게 보관하며 더러워진 돈은 잘 닦아서 다음에 사용하는 사람도 불편하지 않도록 신경도 써 보자. 그러면 통장 잔고는 조금씩 더 나아질 것이다.

가만히 있다가는 벼락거지 꼴을 면치 못한다

고대 유물이나 와인, 묵은지처럼 오래될수록 가치가 올라가는 특수한 것도 있지만, 우리 주머니 속 돈은 시간이 지날수록 가치가 낮아진다는 사실을 기억하자. 2010년 1,800원 하던 콜라는 2,800원으로 55%가 올랐고 3,800원 하던 초코파이 18개입은 5,800원으로 53%가 올랐다. 똑같은 만 원을 들고 마트에 가면 예전보다 장바구니에 담을 물건들이 작아지거나 줄어든다. 저금은 돈이 모으는 습관을 위한 행위다. 실제로 돈을 모으려면 저금통이 아닌 다음 방법들을 활용하여 종잣돈으로 불려가야만 한다.

짜장면은 2,742원 → 5,769원, 설렁탕은 4,217원 → 9,000원으로 생활물가는 2배가 올랐지만 그렇다고 내 월급까지 2배가 오르는 것은 아니다.

[가공식품 평균 소매가격 추이] (단위: 원)

제품	2010 → 2020	인상률
CJ제일제당 태양초 고추장 1kg	7,257 → 11,890	63.8%
코카콜라 1,800㎖	1,786 → 2,787	56.0%
오리온 초코파이 18개입	3,767 → 5,773	53.2%
삼양사 큐원영양강화 밀가루 1kg	1,143 → 1,741	52.3%
오뚜기 마요네즈 500g	2,767 → 4,129	49.2%
대상 고소한 국산 콩두부 380g	2,693 → 3,511	30.3%

[자료: 한국소비자원, 참고: 9월 기준]

시나리오

A군은 100만 원 단위의 유명한 주식을 구입하고(매수) 더 좋은 주식들이 보이면 기존 주식을 팔고(매도) 더 큰 금액의 주식들로 점점 크기를 확장시켰다. 당연히 전문성이 부족하고 천 원 단위 기업들은 예측 못 할 변수가 잦아서 손해를 보는 경우도 꽤 있었다. 하지만 본인은 그 잔돈에 큰 의미가 없다면서, 주식이 떨어지더라도 크게 동요되지 않는다며 습관처럼 본인의 관심 분야와 기술을 늘리면서 계속 주식 개수를 늘려갔다. 1,000원짜리 주식들이 만 원 단위가 되고, 점점 수익률도 파란색(손실)보다 빨간색(수익)이 많아지며 우량주라 불리는 큰 주식도 구입(매수)할 수 있게 되었다. 할 수 없다고 가만히 있던 나와는 달리 할 수 있는 것을 하나씩 실천하여 본인이 노는 물을 조금씩 키워 온 성실한 사례를 여러분과 공유하고 싶었다.

돈은 잔돈일 때 관리법과 지폐일 때 관리법, 그리고 그 단위가 1만원, 10만 원, 100만 원일 때 관리하는 방법이 조금씩 다르다. 일단 우리는 습관을 만드는 게 중요하니 저금통부터 다시 시작하고 빠르게 보유 규모를 성장시켜 보자.

은행에 저축하는 것만으로는 손해를 볼 수 있다. 물가 상승률보다 은행에서 주는 이자율이 적기 때문이다. 투자 이야기는 시중에 많이 있지만, 최소한의 기준은 이해하는 것이 좋아서 간단하게 설명해 보려고 한다.

천 원, 만 원 단위는 CMA로 관리되지만 10만 원 단위는 펀드로 관리해 보는 것도 좋은 방법이다. 펀드는 10만 원이 1좌로 최저 금액이 정해져 있는데, 단순히 1좌 '10만 원' 형태가 아니라 매일 변동되는 기준가에 의해 '평가금액'이라는 게 정해진다. 최대한 쉽게 설명해 볼 테니 개념은 꼭 알고 투자하도록 하자.

투자와 투기의 차이는 여기에서부터

사과라는 이름의 펀드에 10만 원을 투자하는 상황을 가정해 보자.

시나리오

사과 구입: 10만 원으로 / 1,000원짜리 사과 / 100개를 구입
펀드 구입: 좌수 10만 원 / 기준가 1,000원 / 매수 개수 100개

펀드는 대부분 1,000원을 시작점으로 가격이 변동된다. 지금부터는 10만 원 좌의 평가금액이 어떻게 변하는지 살펴보도록 하자. 처음은 헷갈릴 수 있지만 어려운 개념은 아니니 포기하지 말고 반복해서 그려 본다면 한 단계 더 성장할 수 있을 것이다.

① 10만 원으로 1,000원짜리 사과 100개를 구입한다.
   = 상자 안 사과의 가치 1,000원 × 100개 = 100,000원

② 1,000원에 팔던 사과가 옆 가게에서도 판매되어 가격을 내렸다. 개당 900원.
   = 상자 안 사과의 가치 900원 × 100개 = 90,000원

③ 사과가 저렴해졌으니 10만 원 더 사과를 더 구입한다.
   = 기존 구입) 100,000원 / 1,000원 = 100개
   = 새로 구입) 100,000원 / 900원 = 111개
   = 전체 지출) 200,000원 = 211개 구입

④ 사과가 다시 1,000원으로 올랐다. 상자 속 사과의 가치는?
   = 사과 값 1,000원 × 211개 = 211,000원
   = 기존 구입 금액 200,000원 대비 11,000원 더 벌었다.

질문 1) 사과 회사는 다음 달부터 생산 방식이 변경되어 더 좋은 품질의 사과를 생산할 수 있다. 다음 달 사과 회사의 가치는 더 올라갈까?

질문 2) 기업과 제품 분석을 해 보니까 지금의 사과 가격은 900원으로 떨어졌지만, 다시 1,000원 이상으로 올라갈 것이라 예상된다. 올라간다는 확신이 있다면, 사과 가격이 900원으로 떨어진 것은 위기일까? 아니면 추가로 사과를 더 사 놓을 수 있는 기회일까?

코스트 에버리지 효과라는 것을 가장 쉽게 이야기하면 내용은 이렇다. 내가 투자한 회사는 시간이 지날수록 가치가 올라갈 것 같다. 그런데 현재 어떤 이슈 때문에 가치가 떨어졌다. 더 손해 보기 전에 지금이라도 팔자(손절매)는 의견과 시간이 가면 계속 오를 테니(우상향 그래프) 사과를 추가로 더 구입해 놓자(추가 매수)라는 의견. 이 2가지 의견 중 누구의 소문을 믿어야 할까? 나의 감을 믿을 것인가? 아니면 회사와 시장을 공부해서, 이 회사의 가치가 오를 것인지 떨어질 것인지 확신이 드는 곳에 투자해야 할까?

약 6년간 FAANG[*]의 주가 변동 추이

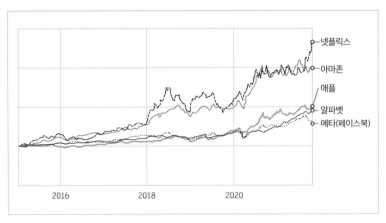

넷플릭스

아마존

애플

알파벳

메타(페이스북)

2016 2018 2020

회사의 기반이 탄탄하다면 장기적인 관점으로 보았을 때 가치는 올라간다

멀리서 주식 차트를 살펴보면 중간중간 아래로 꺾인 하락장이 보이지만, 시간이 지날수록 결국은 차트가 올라가는 것을 볼 수 있다. 기반이 탄탄한 기업들의 일반적인 흐름이 이러하다.

주변 이슈 발생으로 흔들림은 당연히 존재하겠지만, 결국 상황을 개선시켜 상승장을 만들어내는 건실한 기업을 찾는 것과 자신의 판단을 믿고 때를 기다리는 것이 주식에서 가장 중요하다고 볼 수 있다.

* FAANG란 메타(페이스북), 아마존, 애플, 넷플릭스 알파벳을 일컫는 말로 미국 시장을 움직이는 IT 그룹을 뜻한다

자신의 판단이 옳다는 믿음이 있다면 해당 기업의 주가가 떨어졌을 때 오히려 추가매수를 하여 보유 수량을 늘리고, 시장이 호전되어 단가가 오르면 늘어난 수량만큼 자산이 커지기 때문에 주식을 단기가 아닌 중기상품이라고 하는 것이다. 일반적인 분석에 따르면 4~6년에 2번 정도 상승 기회가 온다는 것이 일반적 시각이지만, 최근.코로나라는 대형 이슈가 있었기 때문에 보다 안정적으로 7년에 2번의.기회가 올 것이라고 생각하는 게 좋다.

우리는 숫자에 투자하는 '투기'가 아닌, 회사의 가치가 오를 것이라는 확신에 '투자'한다는 점을 꼭 기억하며 탓하지 말고 공부하는 사람이 되어야 할 것이다. 아래는 투자와 투기에 대한 시나리오다.

시나리오

D군과 D양은 대학 내 유명한 CC였다. 둘은 D군이 입대하기 전에 사귀기 시작해 군 복무를 마칠 때까지 사랑을 이어 온 커플로, 5년 넘게 사귀며 사람들과의 관계도 좋았다. 두 사람의 결혼식은 대학 동창회가 되겠다는 이야기가 나오며 모두가 그 날을 기다렸다. 그러나 돌연 결혼 1달 전 결혼이 취소되었다는 소식이 들렸고, 얼마 후 그 커플이 결국 헤어졌다는 소문이 돌았다. 두 사람의 파혼은 D군의 투자 실패 때문이었다. D양 집에서 당

장 결혼할 거 아니면 다른 사람을 만나라며 결혼 이야기가 나왔고, 이에 따라 D군은 D양 집에 가서 인사를 드리고 내년에 결혼하겠다고 약속을 한 상태였다. 하지만 제대를 하고 직장생활을 한 지 얼마 안 된 상태인지라 모아 둔 돈은 턱없이 부족했고, 결국 D양 돈으로 아끼며 생활하던 D군의 월급을 몽땅 코인에 투자했다. 안정적인 저축은 시간이 부족하니 만기가 되어도 이자가 너무나 적었기에 급한 마음에 선택한 것이다.

수익이 좋다는 곳에 결혼 비용 전액을 투자했는데 결국 그 코인은 대박이 터졌다. 그런데 중간에 코인이 크게 한 번 출렁이며 반 이상 떨어진 적이 있었는데 그때가 마침 결혼을 약속한 시기였던 것이다. 결혼 비용과 신혼방을 구하기 위해 D양은 모아 둔 돈을 송금해 달라 이야기했지만 반토막 난 코인을 돌이킬 수 없던 D군은 이 상황을 솔직하게 털어놓고 결혼을 미루게 되었다. 하지만 그 사이 마음이 갈라지는 상황들이 생겼고 결국 둘의 사랑은 파혼으로 끝이 났다.

좋은 정보? 확실한 정보? 결국 그 코인은 대박이 터졌지만, 우리가 필요한 시기에 사용할 수 있어야 진짜 수익이지 묶여 있는 돈은 내 돈이 아니다. D군은 그래도 코인이 올라서 잘 되었나 싶었지만, 더 이상 가지고 있을 수 없어서 당시 손절매하고 절반만 건졌다고 한다. 이것은 투자인가, 투기인가?

02장

목적이 없으면 돈은 흩어진다

사람은 계획한 만큼 쓰는 게 아니라 있는 만큼 쓴다

자신이 보유한 금액이 얼마인지 아는 만큼 돈을 모을 확률이 높다고 하는 이야기와 관리하는 자산 규모가 큰 사람일수록 작은 규모의 돈 세는 것에 민감하다는 이야기는 같은 맥락을 표현하는 것 같다. 지금 본인 지갑에 얼마가 들어 있는지 알고 있는가? 시간이 지나고 생각해 보니, 나 모르게 세고 있는 돈을 얼마나 꼼꼼히 관리할 수 있는지가, 나의 돈 관리를 지속시키는 힘을 갖게 하는 꼭 필요한 요소인 것 같다.

사람들은 계획한 만큼 쓰는 게 아니라 있는 만큼 쓴다. 심한 경우는 들어올 예정인 돈까지 계산해서 지출하는 경우도 있다. 이렇게 진행되다 보면 심각한 상황까지 이르게 되는데, 이 잘못된 인식의 끝이 바로 감당할 수 없이 불어난 카드 할부다. 회사를 그만두겠다고 노래를 부르던 선배가 아직도 회사를 잘 다니는 이유는 누적된 카드 할부를 갚느라 바빠서이다. 거기에 족쇄가 채워져서 계획을 세울 수 없고, 좋은 기회가 오더라도 그 눈치를 보느라 결단을 할 수 없게 된다.

그래서 추천하는 방법이 체크카드다. 체크카드는 입금된 것만 사용할 수 있다. 또한 계획한 만큼한도를 줄인 신용카드도 같은 기능을 할 수 있다. 그래서 우리가 처음 이야기하지 않았던가? 나를 아는 것이 중요하다. 일론 머스크처럼 생각해 보자. 얼마가 있으면 한 달을 살 수 있을까?

이 기준이 설정되어야 통장을 분류할 수 있다. 《내 아이를 위한 3개의 통장》이라는 책은 아직도 돈 관리 교과서로 불리며 인기리에 판매되고 있다. 같은 회사에서 그분의 활동을 보면서 스스로 실천하는 것을 책으로 썼다는 점이 대단하다고 느꼈다. 그렇기에 더 강력하게 독자에게 다가갔던 것 같다. 하지만 문제가 있다. 그분은 자산을 안정화시켜 변수가 없지만, 우리는 개개인의 크고 작은 사건들에 통장이 영향을 받는다. 이 부분은 반영되지 않았다. 우리는 방향을 참고해야지 방법만 따라 하려 한다면 한계에 부딪칠 것이다. 그럼 지금부터 자신에 맞는 나다운 통장 분류를 시작해 보자.

내 능력이 곧 나의 자산

월급통장을 만들어서 수입을 집중시킨다. 그리고 그곳에 모든 자동이체를 설정하여 하나로 모든 것이 해결되도록 관리한다. 하지만 이게 문제라는 것이다. 일단 수입을 집중시키는 것은 틀리지 않다. 수입을 극대화시키고 안정화시켜야 나의 신용등급과 직결되기 때문에 월급통장을 하나로 만드는 것은 좋은 방법이다. 사람은 대부분 가진 만큼, 아니 가진 것 이상으로 지출한다. 그러니까 월급통장의 규모를 줄여 놓아야 과소비를 막을 수 있다. 월급날 적금 자동이체를 설정하여 입금액을 1차로 줄인 뒤 지출을 실천하자. 단기, 중기, 장기로 구별하여 적금을 만들어야 갑작스러운 변수에 대응할 수 있다. 월급 200만 원을 받는 직장인을 예로 들어 보자.

월급 200만 원 - 나의 고정지출 체크!

① 대출 상환, 월세, 사회생활 중 필수지출인 교통비, 점심 식비,
   핸드폰 비용까지만 계산한다.
   - 생존지출이라 불리는 지출액을 제외해야 진짜 내 수입(순수
     입)이 된다.
   - 예) 대출 상환 30만 원, 월세 30만 원, 교통비 7만 원, 점
     심 식비 20만 원, 핸드폰비 7만 원 + 200만 원 - 94만 원
② 월급 200만 원에서 생존지출 94만 원을 뺀 106만 원으로
   실 생활비 계산!
   - 생활에 필요한 지출을 계산해 보자. 아침, 저녁 식비와 미
     용실, 변수대응용 비상자금 10%
   - 식비 1일 1만 5,000원 × 30일 = 45만 원, 공과금 등 10만
     원, 월 미용실 2만 원, 변수대응 10만 원 = 67만 원
③ 월급 200만 원 - 생존지출 94만 원 - 생활비 67만 원 = 저
   축가능 여력 39만 원

  가장 힘든 것은 한 달 내내 그 고생해서 39만 원이 남는다는 사실
을 인정하는 일이다. 나 역시 처음은 자존감이 바닥났고, 품위유지
라는 명목으로 카드 할부를 사용해서 더 풍족(?)하게 생활하며 카드
할부와 대출액을 늘려 왔다. 이게 일반적인 생활이다.

이 생활을 청산하기 위해 나는 돈이 아닌 시간을 투자해서 내 몸값을 높이기로 결심했다. 그 방법은 당장 아르바이트로 돈을 버는 것이 아닌 내 일을 더 잘하기 위해 시간에 투자하는 것이었다. 온라인 강의, 주말 학원비 등에 돈을 지불하고 퇴근 후 시간을 투자하여 업무를 더 빠르게, 더 잘하는 방법을 찾았다. 능력을 인정받아 월급을 올렸고 야근과 주말수당을 추가하는 등 저축여력을 39만 원에서 50만 원으로 늘렸지만, 월급 올리기는 한계가 너무나 분명했다.

그래서 나는 안정적 업무 능력으로 시간의 여력이 생겼기에 퇴근 후 저축 가능한 추가 수입을 찾기 시작했다. 즉각 아르바이트를 시작한 동기보다 시간은 훨씬 더 오래 걸렸지만, 지금은 그때 월급보다 많은 수입도 기대할 수 있는 직업을 가지게 되었다. 이제는 웬만하면 무너지지 않는다.

쪼개본 거라곤 수박밖에 없는 당신이 통장을 쪼개는 가장 간단한 방법

자, 지금 자기 자신의 상황을 직시했다면 이제 통장을 쪼개야 한다. 그래, 이것이 현실이다! 능력이 쌓이고 직급이 오르고 월급이 올랐다면 다음 상황으로 나아가자. 통장 분리가 조금 더 가시화될 수 있도록 월급을 300만 원 설정하고 저축 가능 여력을 139만 원으로 해서 다시 계산해 보겠다.

139만 원 중 나의 행복비용을 설정한다. 마음의 여유가 없으면 유지할 수 없기에 욕심을 최소화하여 숨을 쉴 수 있는 정도로 마련해야 한다. 처음부터 강하게 압박하면 유지할 수 없음을 알기에, 계산하기 좋도록 39만 원을 묶어 두고 '3개월에 100만 원' 정도는 나를 위해 할애하는 숨통자금을 만든 뒤, 잔액 100만 원으로 통장을 구분해 보겠다. (이 정도 수입이 생기면 대부분 차량을 구입하는 등 추가 지출을 생각하거나 사랑하는 사람과의 데이트 비용 등을 확보할 확률이 높다. 선택은 본인이 하는 것! 우리는 이대로 하라고 방법을 알려 주는 것이 아닌, 방향을 제시하는 것이니, 유지 가능한 비율은 본인이 결정하고 결과도 책임지도록 하자.)

통장을 분류하는 데는 2가지 방향이 있다. ①지출을 제한하기 위해 쪼개는 것과 위험상황에 적금을 깨는 경우가 많으니 단기, 중기, 장기 투자 위험성에 따라 ②저축을 쪼개는 방법이다.

① 지출을 제한하기 위해 자동이체를 구분하여 설정한다.
　　 ― 대출금 상환, 월세, 적금 등의 생존지출(월 지출액)은 월급통장
　　　 에 직접 설정해도 된다.

— 생활비를 체크카드로 사용하는 통장은 별도로 만들어 과하게 사용하면 한도 초과 멘트가 나오도록 설정한다. 쓸 돈이 없으면 들고 있는 잔돈만으로 생활하며 금욕생활을 실천한다.

— 저축여력 비율인 100만 원을 담아 두는 별도의 통장은 CMA 통장에 넣어 두어 투자 기회가 보일 때 활용하고, 대기 중에는 CMA 이자를 받으며 혜택을 누린다.

— 저축여력 비율 100만 원 중 1~3년 단기적금으로 30만 원, 4~7년 목적자금은 펀드로 20만 원, 연금으로 20만 원, 보장성 보험으로 10만 원 이하로 설정하고 남은 20만 원으로 CMA에 남겨 두다가 펀드나 변액보험 등의 상승 기회를 노려서 추가 투자금으로 활용한다.

— 행복비용이나 비상금을 모으는 건 유동성이 중요하니, 출금이 편리한 카카오뱅크의 세이프박스나 토스뱅크의 저금통 기능을 활용해서 비상금을 모아 두자. 매일 붙는 이자를 보며 저축의 기쁨을 누리고, 비상시에는 대출이나 적금 해약이 아닌 이것부터 활용한다.

② 통장 쪼개기를 어렵게 고민하지 말고 목적에 맞게 구분하자.

— 통장에 있는 만큼, 카드에 한도가 있는 만큼 사용하니 사용할 수 있는 원금 자체를 줄이자!

— 적금도 단기, 중기, 장기로 구별하여 투자하고, 큰 문제가 발생하여 해약이 불가피하면 목적의 간절함이 가장 적은 순서대로 처리하자. 단! 보험 상품은 해약 시 큰 손실이 있으므로 해약 순위는 후순위로 둔다. 요령을 공유하자면, 연금/변액보험은 20만 원 중 10만 원만 가입 금액으로 설정하여 의무는 10만 원만 납입하고 추가 납입으로 10만 원을 설정하고 자동이체를 걸어 두자. 추가 납입으로 설정된 것은 납입을 중간에 중단해도 실효(효력중지)되지 않음으로, 돈이 부족할 때 이것부터 중단하면 아무 문제가 없다. 또한 추가 납입으로 설정된 10만 원은 사업비가 나가지 않아서, 보험설계사 수당이 줄어드는 대신 우리는 사업비가 줄어들어 실제 투자 비용이 더 많아 수익률이 좋다는 장점도 있다.

— 비상금과 행복자금용 통장은 없어도 내 삶에 지장이 없는 통장이다. 문제 발생 시 가장 먼저 사용할 우선순위는 첫째가 비상금, 둘째가 행복자금, 셋째가 보험사 추가 납입 중지, 넷째가 목적 자금 중 덜 간절한 것(단기적금 〉 중기용 펀드 〉 장기용 보험 〉 보장성 보험) 순으로 생각하면 틀리지 않는다.

수입이 추가되면 넣어 두는 것도 기분 좋게 생각해 두자. 고정 수입보다 추가되는 투자금은 일단 비상금통장 CMA에 넣어 매일 이자를 수령하며 계획을 세우면 된다. 추가 수입 사용의 우선순위는 대출 상환, 추가 투자, 은행 적금, 행복통장 순서로 생각하면 되겠다.

"고정 수입이 일정하지 않은데
어떻게 모으죠?"

늘 불안한 당신을 위한 자산 관리법

프리랜서로 수입에 변동성이 많은 이들의 돈 관리는 어떻게 해야 하는지 알려 주는 곳이 거의 없다. 더 벌면 된다는 생각으로 저축에 간절하지 않은 경우도 있지만, 사실 이들은 월급쟁이보다 수입 생명이 짧을 수 있다는 위험성을 대비해야 한다. 예를 들어 예전 L사에서는 급여를 퐁당퐁당 주었다고 한다. 홀수달은 200만 원, 짝수달은 400만 원으로 주었는데, 이런 경우는 대부분 400만 원으로 생활 수준을 맞추어 살게 된다. 절대 안 된다! 200만 원 수준으로 부족하게 살

80

면서 짝수달의 추가 수입은 100% 적금을 들어야 돈이 모인다. 프리랜서도 마찬가지다. 더 벌릴 때가 아닌 더 적은 기준으로 평균 소득을 잡아 두고 비상금통장에 수입을 모아 두었다가, 수입이 평균 소득보다 부족하면 거기서 출금해서 월급통장에 입금해야 안정적인 수입 활동을 실천할 수 있다.

대기업의 경우 성과급 관리가 매우 위험한데, 성과급이 나오는 날 회사 정문 앞에는 셀 수 없이 많은 현수막이 붙는다. 이날 현찰로 차량을 구입하는 경우가 많은데, 미래의 나를 위해 조금 참아주면 안 될까? 대기업은 생각보다 근속연수가 짧다. 임원으로 진급하지 않으면 후배들에게 밀려 자진 퇴사를 선택하는 경우가 많다. 월급이 적은 중소기업보다 정년을 채울 확률이 매우 낮으므로 창업하거나 이직 대기 중에 필요한 생활비를 미리 마련하는 현명한 저축 습관이 필요하다.

연예인처럼 행사로 수입이 시즌성으로 들어오는 경우도 돈 관리는 다르게 적용해야 한다. 이들은 반드시 생존지출 금액을 정확히 계산해야 한다. 생존이 안 되는데도 버티다가 우울감에 공황장애가 오거나 보릿고개를 버틸 내구성이 떨어질 수 있다. 특수직이기 때문에 이들은 1~2년 치 생존지출 금액을 비상금으로 가지고 있어야 한다. 먹고사는 문제를 고민하며 멘탈이 흔들리면, 선택받아야 하는 상황에 표정 관리가 어려워 기회를 놓치는 경우가 많기 때문이다. 안정감이 절대적으로 부족한 직업이기에, 벌 수 있을 때 철저히 준비해야 한다. 특히 수입이 일정하지 않은데 무명이라거나, 그나마 고정된 거래처가 없다면 6개월 이상 버틸 수 있는 자금을 아르바이트로 만들어 두길 바란다. 일론 머스크가 행복한 일을 하기 위해 하루 1달러로 버티면서 준비했던 것처럼, 최소한의 자금 월 30달러 정도는 있어야만 한다. 버티는 게 어려운데 붙잡고만 있으면 낮빛에 그늘이 져서 더욱 선택받기 어렵다는 점을 반드시 명심하자. 나를 세울 수 있는 자기보존 비용을 구축한 뒤 더욱 철저히 그 일에 집중하자.

경력단절 여성은 주목!

경력단절 여성이 겪게 되는 복직의 어려움을 대비하고 싶다면 본인 퇴직금을 별도로 준비해야 한다. 이 퇴직금은 복직을 위한 비용이라 생각하면 된다. 사랑하는 사람을 만나 결혼을 결심하면, 일반적으로 임신을 결심하는 비율이 높다. 임신과 출산, 그리고 육아로 이어지는 과정에서 남성은 곁에 있어줄 수 있지만 해줄 수 있는 것에는 한계가 있을 수밖에 없다. 아이에 대한 간절함은, 배 속의 10개월을 하루 내내 경험한 여성과 퇴근 후 잠깐 배에 귀를 대며 경험하는 남성이 절대적으로 다르다. 사랑이 부족한 게 아니라 경험하는 깊이가 다르다. 그래서 맞벌이 부부 중 아이에게 문제가 발생하면 남편은 일이 많다고 고민하고 망설이지만, 여성은 회사를 그만둘 각오를 하고 달려간다. 맞벌이 둘 중 한 사람이 그만두고 육아를 할 경우가 생기면 99.9%는 여성이 사회생활을 포기한다.

그러니 기억하자! 선배들을 보면 알 수 있다. 신랑이 살림만 해도 된다고 했어도, 아이가 어느 정도 성장하면 사회로 복귀하려는 경력단절 여성들을 쉽게 볼 수 있다. 자신의 사회적 위치를 찾으려고 복귀하는 경우는 그나마 낫지만, 외벌이에 한계가 생겨서 다시 급하게 복귀하는 경우엔 본인 스펙에서 한참 낮은 직업을 얻는 경우가 태반이다. 여유가 없기에 조급하게 선택할 수밖에 없다. 그렇기 때문에 나는 이런 여성들에게는 복직비용 적금을 추천한다.

출산 후 2년, 아이를 어린이집에 보낼 수 있는 상황, 출산 후 5년 유치원에 보낼 수 있는 상황, 출산 후 7년 학교에 보내는 상황이 되면 대부분 사회 복귀를 위해 몸과 마음이 흔들린다. 육아가 힘겨워 산후우울증이 왔다면, 부모님께 아이를 맡기고 더 크게 사회 복귀를 염원하는 경우가 생길 수 있다. 그럴 땐 2년 연봉을 미리 준비해둠으로써, 급한 돈 때문에 내 가치가 흔들려 섣불리 직장에 복귀하는 선택을 하지 않도록 대비하는 것을 추천한다. 맞벌이로 신혼을 시작하면 지출 수준은 남편과 아내 수입의 합산액으로 맞춰진다. 결혼을 하겠다면 대출은 최소화해서 카드 할부를 최소화하는 게 1단계이다. 그리고 쪼들려도 남편의 수입만으로 생활하고 아내의 수입은 100% 저축해야 맞벌이에서 외벌이로 이동한 뒤의 타격을 최소화할 수 있다. 아내의 수입으로 ①부채를 최소화하고, ②할부를 일시금으로 상환하고, ③단기적금을 A, B, C(위험 시 해약할 수 있는 우선순위 구별)로 가입하고, 육아가 길어지겠다는 판단되면 A는 펀드로 5년 정도로 투자하며 안정적이지만 은행보다 나은 수익을 추구해 보자. 나에겐 그 누구도 이런 방법을 알려준 적이 없었다. 정말 간절하게 경험했고 추천하는 방법이니 꼭 실천하길 추천한다.

돈이 크면 관리하는 재미도 크다

월급 500만 원이 넘는 대기업, 공기업 고액 연봉자는 저축 비율을 더 재미있게 활용할 수 있다. 종잣돈을 1,000만 원, 3,000만 원, 5,000만 원, 1억 단계로 마련하여 미션을 하나씩 완성해 가는 것이다. 대기업 출신 가운데는 목표를 구체화하고 성과를 발생시키는 하이퍼포머*High*

Performer(고성과자)가 많고, 이들은 목표가 구체적일수록 빨리 돈을 모을 수 있다. 투자 비율은 안정적 단기에 20%, 노후의 나를 위해 30%, 그리고 미래의 나를 위한 공격적 투자 20%, 그리고 남은 30%는 시장의 흐름에 맞게 추가 투자에 맞추면 된다. 안정적으로 불려가며 나의 성장을 욕심내 보자.

대기업의 경우는 특히 중간 퇴사를 대비하여 본인 능력에 투자하며 취미와 적합한 것으로 이직 또는 창업 준비를 마련하는 것도 추천해 본다. 대기업 출신 선배 중 몇몇 분들은 이렇게 이야기한다. 능력은 있으나 대기업 간판이 없어지니 사람들이 나를 인정하는 수준이 심하게 낮아져 자존감이 떨어진다고, 이후를 준비할 걸 그랬다고, 후회가 된다고……. 고연봉자는 투자 방향을 돈보다 자기 능력에 두는 것이 나중에 후회할 확률이 적다. 참고하길 바란다.

04장

현금흐름에도
패턴을 만들어야 하는 이유

돈은 사랑만으로 해결할 수 없다

저축이 가능한 정도의 안정적인 수입을 갖고 있는 이들보다 그렇지 못한 경우가 훨씬 많다. '현 상황을 인정하고 일단 무조건 아껴보자.' 라는 것이 필자의 생각이었고, 그 생각에 따라 무모할 정도로 절약(?)을 실천했다. 그렇게 하면 상황은 변하기 시작한다. 어느 쪽으로? 좋지 않은 쪽으로……. 이런 식의 절약은 주변 사람이 멀어지고 자존감이 떨어지며 오래 지속할 수 없는 방법임을 깨닫게 된다. 현금흐름 모니터링의 첫 번째는 지금 수입이 내게 적합한지 객관적으로 판단하는 것이다. '부족한 상태여도 견뎌내다 보면 언젠가는 결국 나아지겠지'라는 막연한 기대감으로 열심히 버티다 보면, 이 모든 것이 무너지는 상황에 닥쳐 현 상황과 정신적 건강 모두를 감당하지 못하는 경험을 하게 된다. 어려운 상황일수록 사람들은 외면한다. 그 상황이 닥치기 전에 우리는 나 자신을 정신적으로나, 금융적으로나 방어할 수 있는 방법을 만들어내야만 한다.

서로의 부족함을 사랑으로 극복하자며 결혼한 예쁜 부부가 있었다. 서로를 닮은 예쁜 아이를 낳은 후 아내는 아이들을 양육했고 남편은 열심히 일을 했다. 최저 시급을 받으며 일하는 성실한 남편을 본 주변 사람들은 좋은 일자리가 있다며 더 나은 조건의 직장을 수차례 추천했으나, 남편은 그 일이 좋았다. 자신을 인정해주는 사장님과 동료들이 있었고 그동안 만들어온 안정감으로 행복하게 일할 수 있었다. 그리고 이 일을 배워서 나중에 이런 회사를 만드는 것이 꿈이었기에 열심히 일을 배우려고 했다. 아이 둘이 커가며 지출이 늘어났지만 행복하게 일하는 남편을 보며 아내는 절약이라는 방법으로 현 상황을 어떻게든 견뎌냈다.

격월로 시장 치킨 한 마리를 나눠먹는 것도 심각하게 고민할 정도로 이 가족의 지출에 과한 부분은 없었음에도 불구하고, 그들의 생활이 나아질 수 없었던 이유는 수입과 고정지출 때문이었다. 우리는 고정적으로 지출되는 이 상황에 '생존지출'이라는 항목을 한번 더 고민해볼 필요가 있다. 안 쓰면 죽는다! 라는 절대 필요의 지출과 매월 꾸준히 나가는 지출은 다르기 때문이다. 알뜰한 아내는 철저히 생존지출 내에서 추가 지출을 발생시키지 않으려 애쓰고 있었다.

남편은 지금 수입으로 생활할 수 없다는 현실을 자각하고 직업을 조정하거나 더 나은 조건의 직장으로 이직하는 등의 결단이 필요하다는 것을 인정해야 했다. 노력으로 해결할 수 없는 현 상황을 인지하고, 절약만이 정답이 아닌 추가 수입을 창출하기 위해 노력해야 하는 상황이라는 것을 우리 스스로는 인정하기 어렵다. 그래서 숫자로 설득하기 위해 만든 것이 앞서 언급했던(1부 4장) 'OX지출 관리'이다. 상급자 버전인 가계부 작성이 어려운 필자같은 이들은 초보용 돈관리 방법이 필요할 것이다. OX지출 관리는 가계부의 수많은 지출항목 구분을 단 2가지로 단순화시킨 기록 방법이다. 앞서 언급된 기록방법의 활용을 지금부터 안내해 본다.

기록하기만 하고 활용하지 않으면 말짱 도루묵

안 쓰면 살 수 없다고 지정된 금액이 어느 정도인지 인지하면, 우리는 저축 가능 여력을 확인할 수 있다. 아껴야 한다며 일단 월급날 수입의 절반을 무조건 저축하는 경우를 종종 보게 되는데, 이는 현실이 반영되지 않은 금액임으로 적금은 중도해약이 되며 성실히 저축하지 못한 스스로를 자책하게 된다.

사실, 유지하기 어려운 비현실적인 목표 설정이 문제이기에 스스로의 성실하지 못함을 자책할 필요는 없다. 대학교 학자금 대출, 회사 앞 원룸 보증금 등, 사회생활을 시작하기도 전에 다양한 이유로 빚으로 시작하는 경우가 많기에, 수입에서 'O = 안 쓰면 죽는다'는 생존지출을 제외하고 남은 금액에서 저축을 계획하는 것이 유지 가능한 저축 계획이다. 초보용 'OX지출 관리'는 이렇듯 나의 저축 가능여력을 확인하기 위한 목적과 함께 미래를 계획하는 경우에도 활용할수 있다. 다음 예시를 보자.

전공을 살려 회사에 취업한 E군은 회사 일이 자신과 전혀 맞지 않아 매일 힘들게 출근하고 있다. 월급은 만족스럽지만 실적 압박에 늘 불안하던 그는, 지역주민에게도 기여하며 안정적으로 일할 수 있는 공무원 시험을 준비하고자 퇴사를 준비하고 있다. E군을 위해 OX지출 관리를 적용해보자.

퇴사 후 공무원 시험을 준비하기 위한 환경을 먼저 고려해야 한다. 신림동 고시촌에서 집중해서 1년 내에 합격을 목표로 전념하기 위해 필요한 지출을 계산해 본다. 계획은 1년이지만 현실적으로 어렵다는 사실은 인지하고 대비해야 하니 예상 지출 금액은 2년으로 계산한다. 2년 고시원 월 지출(내년 비용인상 대비+10%), 고시원/학원 식권 구입과 가끔은 기분전환 저녁과 비상 간식 등의 지출, 담배/커피 등 기호식품에 대한 지출, 미용실/목욕탕 등 지출과 옷, 신발, 일상용품 등의 최소한 지출 여력 등…….

이렇게 계산하면 어마어마한 돈이 필요하고 계산도 너무 복잡하니 단순하게 계산한다면 이런 공식을 쓸 수도 있다.

{숙소, 식비+50%(간식,기호식품), 생활비용-(기존 생활비용의 10%)} × 24개월

이 비용을 O(생존에 필요한 지출)로 예상해서 이 금액을 현금으로 준비한 뒤 퇴사를 계획하고 공부에 전념하는 것이다. 공부 중 돈이 없다며 아르바이트와 고시를 병행하는 경우를 종종 보곤 하는데, 학업에 효과적이지 않으니 미리 준비해두는 것이다.

안정적인 현금흐름은 생존지출(극단적 수치)의 50% 이상 수입을 만드는 것이 우선이다. 성실한 것만으로는 부자가 될 수 없다는 것은 모두가 알고 있다. 성실한 것은 부자를 만드는 특별한 방법이 아니고 병행되어야 하는 당연한 것이며, 이 성실함 위에 특별함이 더해져야

만 한다는 것이 나의 통장 잔고를 변화시킬 수 있음을 기억하자. 경제부 기자로 활동하며 굉장한 자산가들을 수십 번 만나왔는데, 그 과정에서 느낀 것은 안정적인 수입원에 추가 수입이 합쳐져야 자산이 늘어난다는 것이었다. 꾸준히 아끼는 것은 현상 유지를 위해 필요한 것이고, 유지할 금전 상황을 갖추기까지는 안정적인 수입이 있어야 한다.

적지만 안정적인 수입 VS 많지만 불안한 수입

1년에 한두 번 억대 수입을 만들며 본인 능력을 자랑하던 선배가 있었는데, 형수의 바람은 그와 달리 매월 꾸준히 일정 수입을 만들어 오는 것이었다. 큰 수입을 만들 능력이 있으니 돈 씀씀이는 크지만, 그 수입이 언제 들어올지 계획이 없으니 지출 계획은 세울 수 없어서 10년이 넘어도 생활을 안정시킬 수 없다는 이유 때문이었다. 선배는 월 100만 원, 200만 원이라도 꾸준한 수입을 만들어가면서 추가적인 형태의 수익을 찾으면 좋겠다는 형수의 바람에서 사업하는 사람들의 자산 증식 방법을 확인할 수 있었다. 메인 사업을 가지고 가되, 대박 사업에 투자하며 안정적 수입 외의 추가 수입을 계획하고 있는 그들의 사업패턴을 말이다.

월급으로 생활하는 회사원의 경우, 알차게 본인을 활용하는 회사에서 추가 수입을 만들 에너지와 시간을 확보하는 것은 불가능했다. 퇴근 후? 주말을 활용해서? 그렇게 추가 수입을 위해 움직일 만큼 여유 있게 회사업무를 하는 게 아니다 보니, 일단은 본인 업무능력을 키워서 이 추가 에너지를 가질 만큼 여력을 갖는 것이 우선이었다. 신입사원의 경우, 입사했으니 추가 수입을 갖겠다며 온라인 스토어와 주식공부를 하는 경우를 자주 보게 되는데 이것은 틀린 방법이다. 돈은 평생 관리해야만 하기 때문에 우리는 본분에 충실하여 업무수행 능력을 갖춘 뒤 여력이 남을 때 추가 수입을 고민하는 것이 옳다. 대부분의 경우 업무에 치여 자기개발을 할 여력이 없기에, 체력과 기초 업무를 탄탄히 하기 위해 입사 후 1년은 전심으로 업무만 배우는 것을 강력히 추천한다. 다른 사람들은 2일에 처리할 업무를 하루만에 처리할 업무능력을 갖추어서 남은 하루를 다른 데 사용할 에너지로 활용할 수 있다면 너무나 이상적이며, 지속 가능한 수입을 낼 수 있을 것이다.

월급쟁이가 추가 수입을 만들기 어렵다면, 이후에 설명할 적금 방법으로 6개월마다 추가 수입으로 숨통이 트이는 자금 활용을 실천해보아도 좋을 것이다. 통장잔고 증대를 목표로 이 방법을 만들었고,

이 책을 보고 있는 당신의 바람도 별반 다르지 않을 것이라고 생각한다. 하지만 작은 것에서 만족하면 안 된다. 이는 종잣돈을 만들기 위한 초보자 단계일 뿐이며, 우리는 수입증대와 자산 증대를 병행해서 노력해야 한다. 수입을 늘리려는 당신의 노력과 현명하게 아끼는 필자의 방법이 합쳐질 때 최단 시간 내 종잣돈 마련이 가능해질 것이다. 안정감을 위해 일단 꾸준한 수입(월급)이 필요하다. 프리랜서나 시즌별 수입이 생기는 경우에는 적은 금액이라도 꾸준히 입금되는 아르바이트를 병행해서라도 안정감을 가져야 다음 스텝이 가능하다는 점을 기억하고 일단은 성실하게 움직이자. 그리고 더, 더 욕심을 키워가자.

05장

"어디서 자꾸 돈이 새지?"

가계부 같은 소리 하고 앉았네

지금의 어려운 상황을 개선할 방법을 물으면 누구나 동일하게 이야기한다. '가계부부터 써라!' 이 책은 그 답변을 부정하기 위해 만들어지기 시작했다. 이번 챕터에서는 내가 가장 어려울 때 듣고 싶었던 방법적인 부분에 대해 구체적으로 적어 보려고 한다.

내게 필요한 방법은 내 통장 잔고를 개선하는 것이다. 지출을 기록하는 것이 아니라 기록된 지출을 활용하는 방법이 궁금했다. 통장 잔고를 개선하는 분명한 원칙은 수입을 늘리는 것에서 시작한다. 수입은 한 번에 발생하는 불규칙적 수입과 일정한 금액이 정해진 일자에 꾸준히 입금되는 규칙적 수입으로 구분하고 2가지 모두를 얻을 수 있도록 노력해야 한다. 수입 증대는 여러분의 능력에 달렸고, 지금부터는 새는 돈을 어떻게 모니터링해서 활용할 것인지에 대해 이야기해보도록 하겠다.

가계부는 상급자용으로 지출을 기록하고 패턴을 인지하여 계획적으로 다음 전략을 수립하는데 활용할 수 있고, 앞서 언급된 OX지출 관리법은 내 수입에서 얼마만큼을 저축할 수 있는지 확인하기 위한 초보자용 방법이었다. 이제는 중급자용 'ABC지출 관리법'을 소개한다.

ABC 구분은 사람마다, 상황마다 기준이 다르다. 사용 후 평가 기준이 내 마음 상태에 따른 '가심비'이기 때문이다. 가성비와 가심비 구분 기준을 이해해보자. 가성비는 동일한 기능이라면 더 저렴한 것을 선택한다는 의미이다. 금액이 경쟁 제품보다 저렴한데 성능이 비슷해서 굳이 그 금액을 들여 구입하지 않아도 된다면 '이거 가성비 참 좋다'라고 이야기한다. 이와 반대되는 측면의 가심비는 '비싸도 만족할 수 있다면 구매한다'는 만족도에 초점을 둔다. 가장 대표적인 예가 바로, '샤오미 VS 애플'이다. 동일하게 스마트폰 기능을 구현한다면 애플보다 저렴한 샤오미를 구입하는 것이 가성비 차원에서 옳은 선택이다. 그러나 대부분의 사람들은 샤오미가 아닌 애플 스마트폰을 구입하여 만족감을 느낀다. 배만 부르면 된다는 식사 한 끼의 경우에도, 더 좋은 분위기에 플레이팅이 뛰어나서 SNS에 자랑하기 좋은 음식에 더 많은 비용을 지불한다. ABC지출 구분 기준이 이러하다. 만족했다면 A, 구입 후 괜히 지출했다고 후회되면 C, 구분이 애매하면 B로 기록함으로써 지출 후 후회할 비용 규모를 파악하는 것이다. 나의 만족을 위한 지출이 아닌데 의외로 후회되는 지출이 많음으로 이 비용을 파악하여 이 지출 여력을 저축 여력으로 전환하자는 것이다.

OX지출을 통해 저축이 불가한 필수 지출영역을 확인하여 지나친 절약을 제한하여 일상생활이 유지되도록 안정감을 주고, ABC지출을 통해 후회되는 C지출을 파악하여 반복된 후회를 줄이고 통장 잔고를 늘리자는 것이다. A, B, C지출 모두를 기록하기 어렵다면 C지출 하나만 상세하게 기록하여 어떤 상황, 어떤 지출에 어떤 규모의 후회지출이 진행되는지 파악하여 적군을 구체적으로 정의해보자는 것이 중급자용 ABC지출 관리 방법이다. 후회되는 지출이 잦은 지각 때문에 발생되는 택시비일지, 과한 커피 등 간식비용인지, 취미활동을 위한 과다한 장비 구입인지 파악함으로써 소비를 제한해야 하는 구역을 찾을 수 있다. 지출 모두를 기록하며 전체 그림을 보는 것은 상급자들이 할 수 있는 것이니, 우리는 초보자나 중수라는 부분만 인지하고 기초를 탄탄하게 쌓아가면 되는 것이다. 앞으로 죽을 때까지 고민해야 할 돈 관리임으로 급하게 생각할 것 없다. 빠를수록 좋으니 즉각적으로 지출항목을 기록하며 나의 패턴을 인지해 보자.

왜 우리는 저축에 실패할까?

지출 제어에 실패하는 원인 중, 꼼꼼한 사람이 반복하는 실수는 의외로 '누락'이다. 하나도 놓치지 않고 기록하려고 하지만 바쁜 일상 중 모든 것을 챙기기 어렵다는 사실을 우리는 받아들일 필요가 있다. 하지만 그것이 안 된다면 모두 잘하려는 압박을 조금 내려놓고 목표를 단순화하자. 반복되는 C(후회지출)를 기억하고 재반복 되지 않도록 장치를 만드는 것이다. 금연을 결심한 D군은 흡연을 할 때마다 만 원씩 벌금을 냈다. K양은 과음으로 필름이 끊기는 실수를 반복하지 않겠다며 술을 마시는 즉시 그 자리에 있는 모두에게 5,000원씩을 주겠다며 호언장담을 했다. N군은 회사에서 커피를 마실 경우 옆자리 사람에게 간식을 사주기로 했다. 이렇듯 이미 다양하게 시도하는 방법들을 나의 금전적 이익으로 전환하자는 것이다.

월평균 C지출을 계산하여 분기별 평균 후회지출 금액을 확인해보자. 매월 40만 원 정도의 후회지출이 있다면 지금 즉시 자신을 돌아보는 시간을 가져야 한다. 그러면 이 지출은 꼭 써야 하는 돈이 아니라고 인정할 수 있을 것이다. 그 다음 월급날 40만 원 안에서 일정 금액을 정해서 적금에 가입하여 사용할 수 있는 지출 한도를 줄여보자. 한번에 40만 원을 줄이면 생활에 어려움이 있으니 후회지출의 30% 정도를 적금으로 넣는 것부터 시작해보는 것을 추천한다. 너무 부담이 없어도 안 되니까 10~15만 원 정도 적금을 가입해 두면, 다시 후회지출이 커졌을 때, 차가운 목소리로 누군가 나에게 말을 걸어올 것이다. '한도 초과입니다.' 그때마다 내가 허튼 곳에 쓴 후회지출을 다시 생각해보고, 그 지출을 또 반복해서 지금 다른데 쓸 돈이 부족한 건 아닌지 반성하자. 그렇다고 너무 위축될 필요는 없다. 다만, 후회할 지출을 없애겠다는 결단만으로는 원위치로 돌아올 수 있으니, 내 돈이 아예 다른 곳으로 새지 못하게 적금이라는 방법으로 스스로 동기부여를 하자는 것이다.

후회 없이 돈을 쓰는 건 손가락질 받을 행동이 아니다

ABC지출의 핵심은 바로 이 질문이다. '시간을 돌이킬 수 있다면 또 같은 항목에 대해 지출을 할 것인가?' 감이 잘 오지 않는다면 예를 들어보자. 축구 경기 후 이온음료를 구매해서 목마름을 해결했다. 집에 돌아온 내가 시간을 돌려 그 운동장으로 다시 돌아간다면 이온음료를 또 구입해서 마실 것인가? 답은 YES! 그렇다면 그 지출은 'A'로 분류한다. 몇 달 전 운동 후 음료수를 사려는데, 거래처에서 입금된 내역을 확인한 내가 같이 운동한 사람들 모두에게 이온음료를 돌렸다. 나에겐 2번 정도 그런 상황이 있었는데, 한 번은 모두들 너무 고맙다며 기분 좋게 마셨고, 다른 한 번은 집으로 돌아가기 전 운동장을 터덜터덜 돌며 빈 플라스틱 병을 회수했던 기억이 있다. 모두가 기분 좋게 모두 마신 음료는 A로 분류한다. 그 시간으로 돌아가도 또 지출할 것이기 때문이다. 하지만 두 번째 남아있는 음료는 C로 분류한다. 괜히 샀다는 후회가 들었기 때문이다.

둘 다 동료들에게 음료수를 선물하는 동일한 행위였지만 상황에 따라 만족도가 달랐다. 바로 이를 기록하는 것이 ABC지출의 가심비 기록방법이다. 모두에게 나누며 사는 삶을 실천하는 것도, 자린고비를 통해 돈을 아끼는 것도 좋은 결과가 될 수 있다. 무엇이 옳은지는 각자 생각하는 방식에 차이가 있다. 누군가의 눈치를 보며 위축되는 것보다, 내가 힘겹게 번 돈을 내 만족에 따라 지출하는 것은 누군가에게 손가락질 받을 일이 아니다. 나는 내가 후회하지 않도록, 이후에도 지속될 수 있는 나만의 지출 패턴을 찾아낸 것이다. 생각이 다르기에 지출에 대한 타인의 평가는 거절한다. 대신 미래의 내가 내리는 평가는 직시하고 수용한다. 혹시 미래의 내가 후회를 한다면 그 후회에 대한 평가는 인정하고 그만큼 저축으로 지출에 족쇄를 채운다. 그리고 이런 삶의 방식이 습관이 되면 이후에는 가계부를 작성하지 않는다. 가끔 과하다 싶은 부분을 모니터링하기 위해 작성해보는 것은 좋지만, 나의 시간을 매일 지출 기록에 사용하는 것은 이제 거절한다.

지금부터 모든 상황을 통제합니다

지출제어가 중단되는 실패 상황을 개선하기 위해 비정기 지출 제어방법을 제안해 본다. 매월 지출은 정기적으로 인지하지만 매년 나가는 자동차보험이나 세금 같은 것은 지출 간격이 크기 때문에 갑작스럽다고 인식하며 그 금액을 만들기 위해 애를 쓴다. 또한, 휴가 기

월별	지출 내용	금액	월별	지출 내용	금액
1	신정/구정 부모님 및 아이들, 조카 용돈 아버지 생신 및 겨울 휴가	총합 90만 원	7	아이들 방학 향우회	총합 50만 원
2	행사 없음		8	여름휴가 아내 생일 큰딸 생일	총합 120만 원
3	신학기 아이들 학용품 어머니 생신 기념 잔치	총합 10만 원	9	추석 작은딸 생일	총합 50만 원
4	장인어른 기일	총합 10만 원	10	결혼기념일	총합 40만 원
5	어린이날, 어버이날, 스승의 날, 장모님 생신	총합 60만 원	11	자동차 보험료 가족 종합 검진	총합 280만 원
6	행사 없음		12	크리스마스 송년회 아이들 방학	총합 80만 원

간마다 매번 현금이 없어서 카드 할부가 늘어나고 휴가 후 허리띠를 졸라매는 패턴은 갑작스러운 것이 아닌 매년 일어나는 일이다. 우리는 정기적이지만 매월 발생하지 않는 이 상황을 대비하지 않는다. 매월별 명절과 기념일, 휴가와 자동차보험 등 지출 일정과 금액을 기록하여 월별 고정지출에 추가되는 이벤트 지출 일자를 기록해 두자. 무엇이든 보이면 대비하는 것이 가능해진다. 필자의 경우, 가족 이벤트 지출이 많은 8월의 120만 원을 대비하여 7월 말에 만기되는 월 10만 원 적금을 가입하고, 11월의 경우 10월 말 만기되는 월 20만 원 적금을 가입하였다. 기존에는 카드할부로 지출하던 것을 적금으로 해결하니, 평소 적금에 따른 신용관리도 되면서 그 상황에 체크카드로 지출하여 카드 할부라는 부담을 벗어날 수 있었다. 여기에 3개월 급여 정도의 비상금을 CMA통장에 보관하면 심적 안정감이 생긴다. 그중 일부는 관심 주식종목을 추가 매입하는 종잣돈으로 사용하고, 다음 달은 빈 곳을 다시 채우는 등, 통장에 머물러 있는 돈 또한 활용하여 통장 잔고를 늘리려 다양한 고민을 하고 있다.

지출 관리에서 가장 신경 써야 할 부분은 새는 돈이다. 정기구독 했지만 지금 사용하지 않는 지출을 중단하고, 어디서 새는지 모르는 상태에서 감액되는지 그 포인트를 알아야 새는 푼돈을 관리해서 활용할 수 있게 된다. 가볍게 생각할 수 있는 돈은 없다. 그 모든 것이 어렵게 사회생활하면서 내가 번 돈이다. 내 돈을 기분 좋게 기부하는 것이 아니고서야 이렇게 버려지도록 두는 것은 분명한 낭비이다. 이 불편한 상황을 정기적으로 모니터링하고 나의 통장 잔고에 적극적으로 도움이 되는 방향으로 모든 돈을 관리해가도록 하자.

06장

돌아라 물레방아 저축

— 돈에도 공식이 있다

저축을 완성시키는 것은 의지가 아니라 시스템

적금 만기 메시지를 받고 은행에서 목돈을 받아 본 적이 있는가? 그 경험을 가진 사람이 얼마나 될까? 시작할 땐 모두 간절한 마음을 가지고 참아가며 꾸준히 저금한다. 하지만 꼭 중간에 돈 쓸 일이 생긴다. 내가 통장에 돈이 있는 걸 어떻게 아는지 때마침 찾아와서 딱 그만큼, 또는 그 이상의 금액을 자꾸 요구한다. 월급날을 알고 찾아온 빚쟁이들처럼, 통장에 발이 달린 것처럼, 내 통장은 텅 비어 '텅장' 이 되어 버린다. 통장에 잔고가 남은 걸 보기 힘들다. 근데 그게 일상이 된다.

선배들은 이야기한다. 빚을 지는 것도 필연이고 적금을 깨는 것도 필연이라고! 그래서 그런 상황이 오더라도 무조건 버텨내는 훈련이 필요하다. 위기의 상황은 터무니없이 다가오지 않는다. 최소한의 예측은 할 수 있고 사전에 다양한 방법으로 사인이 온다. 적금 만기를 위해 가장 필요한 것은 비상금이다. 그것 때문에 적금을 지킬 수 있고, 그 과정이 근육이 되면 나의 적금 만기 횟수는 늘어나게 된다.

대부분의 사람들이 모으고 싶은 돈을 생각한 뒤 그 돈이 필요한 시기를 계산해서 매월 얼마를 적금할지 생각하고 가입한다. 근데 그 저축액이 나에게 적합한 금액이 아닐 때가 많다. 자꾸 적금이 해약된다면 애초에 계획이 잘못되었을 가능성이 많다. 내가 지속할 수 있는, 진짜 저축이 가능한 저축 여력을 모르고 있는 거다. 우리에게 필요한 것은 다음과 같다.

① 생존지출에 필요한 최소한의 금액을 안다.
② 생활에 필요한 지출로 내가 살아갈 수 있는 지출액을 설정한다.
③ 발생 가능한 변수를 계산한다.
④ 대비 가능한 비상금을 준비한다.

선배들의 이야기도 아예 틀린 것은 아니지만, 우리는 의욕만으로 목돈을 만들 수 없다. 저축은 의지가 아니라 시스템이 완성시킨다.

그렇다면 생존지출에 필요한 최소한의 금액이란 무엇일까? 생존지출을 알기 위해서는 예전에 이야기했던 OX지출로 고정적인 지출 금액이 계산되어 있어야 한다. 이 책은 소설처럼 쭉 읽어나가도록 작성하지 않았다. 하나씩 하나씩 실천해서 다음 단계로 넘어갔던 과정을 기술했기에 반드시 실천을 해야만 당신의 통장 잔고에 영향을 끼칠 수 있다.

저축은 참는 게 아니라 즐기는 것이다

수없이 책을 보고 수많은 교육을 들어 왔지만 내 통장 잔고는 그들이 직접 늘려 주지 않았다. 사용되어야 하는 나만의 금액을 제한하고, 일정 금액의 숨 쉴 여력과 비상금을 확보한 뒤 남은 돈에서 적금을 계획해야만 한다. 정보라는 것들은 이 모든 과정이 생략되고 당장 눈에 보이는 금액만 보여주면서 우리를 현혹시킨다. 그래서 의욕만 앞서 적금액을 결정하게 된다. 이후에 발생하는 예고된 상황을 그들은 책임지지 않는다. 적금 해약을 할 수밖에 없는 상황이 오면 '너는 의지가 약하다'며 손가락질을 한다. 적금을 이어가지 못한 자신의 나약함을 자책하며 저축할 의지는 작아진다. 나이는 들고 모아 놓은 돈은 없으니 불안하고 불편하게 노후를 살아가게 된다. 우리는 지출과 소비를 잘못 배웠다.

개념은 이미 수차례 전달했으니 스스로 판단할 수 있을 것이다. 의지로 될까? 아니다! 그냥 자동으로 되도록 만들어야 한다. 긴박한 상황에 나는 똑똑하다고, 현명하게 판단할 수 있다고 자신할 수 있는가? 이성적인 사람도 결국은 감성적으로 결정하는 경우가 많다. 아니 감정적으로 판단할 수밖에 없는 상황이 닥치면 피해는 결국 내가 받게 된다. 그럼 내게 적합한 금액의 적금을 어떻게 해야 더 재미있게 지속할 수 있는지 이야기해 보자. '재미있게'라는 부분이 중요하다. 막연하게 참으면 병이 난다. 의지가 부족하다는 주변의 첨언은 참고만 하자. 저축은 참는 게 아니다. 저축 자체를 하고 싶게 만들어야 한다. 이 지점이 매우 중요하다.

첫 번째로 시도해 볼 방식은 짧은 시기의 단기 적금이다. 이론은 간단하다. 푼돈으로 만 원을 만들고, 만 원을 100만 원으로 늘려 보고 늘어난 금액만큼을 추가로 적금하여 2배수 3배수로 만들어내는 것이다. 요즘은 통장을 잘 안 쓰지만 나는 일부러 짬을 내서 통장정리를 한 뒤 10만 원 단위에 색연필로 표시하며 나의 적금 완성을 훈

장처럼 체크하기도 했다. 펼쳐 봤을 때 기분이 참 좋다. 무언가 이룬 것 같다. 그 빈도수가 많아지면 내 노력이 점점 커지는 게 보이기도 하여 큰 동기부여가 된다. 그렇게 나의 눈을 자극하는 무언가를 만들어 보는 것도 좋다. 의지가 아닌 의욕이 생기도록 보이는 것을 만들어내자. 그 기억은 많을수록 좋다. 나 자신을 믿게 되고 자신감이 커지니까!

이를 위해서는 처음에 해야 할 일이 너무 많지만 이것들을 습관으로 만드는 것이 중요하다. 습관도 참아야 되는 것이니 이 습관을 자연스럽게 만들어질 수 있는 강제적인 장치가 필요하다. 그 저축 기법들 중 내가 해 본 것, 내가 만든 방법을 소개한다. 여러분에게도 도움이 되길 바란다.

돌아라 물레방아 저축법

지금부터 소개할 것은 '돌아라 물레방아' 저축법이다. 적금이나 펀드는 대부분 10만 원 단위로 가입이 가능하다. 이 시스템은 10만 원짜리 적금 4개를 가입하는 것부터 시작되는데, 당신도 월 40만 원 적금이 가능하다면 함께 실천해 보자.

적금은 4개, 만기는 6개월, 12개월, 18개월, 24개월이다. 기간을 다르게 가입하는 이유는 적금 만기 기간을 조정해서 내가 신경 쓰지 않아도 자연스럽게 다음으로 이어지는 시스템을 만들기 위해서다. 사실 처음엔 1년이라는 게 매우 길게 느껴진다. 버텨내는 것 자체가 성공이고 성공 확률이 낮지만, 6개월 만기는 1년의 절반에 해당하는 만큼 도전하기에 좋다.

한 계좌당 10만 원씩 매월 40만 원의 적금을 내면 6개월이 지나면 적금 만기 60만 원(+이자), 1년 뒤에는 120만 원, 1년 6개월 뒤에는 180만 원, 2년 뒤에는 240만 원의 돈이 모이며 동기부여까지 더해진다. 여기서 이자는 생각하지 말자. 만기까지 이어가는 근육을 키우는 것이 목표이고, 이자는 적금 기간이 길수록 좋다는 것은 다 알 테니까. 우리는 월급 이외에 6개월마다 추가로 활용할 수 있는 자금이 생기는데, 나는 이것을 숨통자금이라고 정의한다. 추가로 생긴 이 돈이 기분 좋음을 넘어 마음을 편안하게까지 만들어 줄 것이다. 그 기분을 누려 봐야 꾸준히 저축을 이어 갈 수 있다. 이게 시작이다.

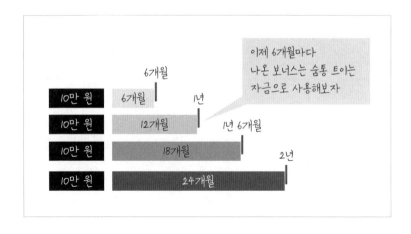

이렇게 받는 금액으로 생긴 숨통자금은 일단 평소 지출을 참아내는 나 자신을 위로하는 데 사용해도 나쁘지 않다. 무조건 참으라는 것이 얼마나 힘든지 알고 있기에, 푼돈을 모아서 목돈으로 더 큰 것을 누릴 수 있는 이 상황을 누려 봐야 더 긴 기간을 참아낼 수 있다. 반복해서 강조하지만, 이것은 평생 가야 하는 긴 싸움이다. 따라서 지속 가능한 방법이어야만 한다는 점을 명심하자. 60만 원, 120만 원 등은 카드 할부를 쓴다면 당장이라도 쓸 수 있는 것들이라 큰 활력이 되지는 않는다. 이것은 소중한 사람에게 무언가를 선물하거나 맛있는 것을 먹는 등, 추억을 만드는 데 사용하길 추천한다. 사랑하는 사람에게 감사 인사를 듣고, 소중한 부모님에게 칭찬을 받는 것은 지출을 견디는 데 큰 힘이 될 것이다.

6개월 만기 시 목돈(?)을 찾으면서 우리는 하나의 행동을 추가해야 한다. 1년 만기 적금을 이어서 가입하는 것이다. 6개월 만기 시 1년 만기 적금으로 전환, 12개월 만기 시 1년 만기 적금으로 전환, 18개월 만기 시 1년 만기 적금으로 전환, 24개월 만기 시 1년 만기 적금으로 전환을 이어가면 6개월마다 1년 만기 적금으로 숨통 트이는 자금이 생겨나고 꾸준한 입금액을 만들 수 있다.

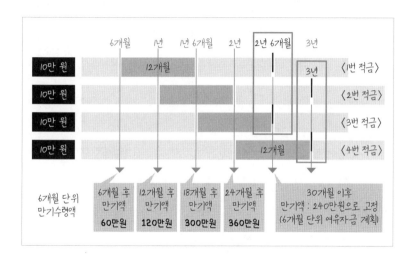

적금 시작 후 1년 6개월이 지나면, 적금 만기는 2개씩 중복돼서 입금된다.

06개월(0년 6개월) — 1번 적금 만기 60만 원 수령 (이후 1년 만기 적금 추가)

12개월(1년 0개월) — 2번 적금 만기 120만 원 수령

18개월(1년 6개월) — 3번 적금 만기 180만 원 + 1번 적금 1년 만기 120만 원 = 300만 원 수령

24개월(2년 0개월) — 4번 적금 만기 240만 원 + 2번 적금 1년 만기 120만 원 = 360만 원 수령

30개월(2년 6개월) — 1번 적금(1년) + 3번 적금(1년) 동시 만기 = 120만 원 + 120만 원 = 240만 원 수령

36개월(3년 0개월) — 2번 적금(1년) + 4번 적금(1년) 동시 만기 = 120만 원 + 120만 원 = 240만 원 수령

이 설명을 들으면 딱 2가지 반응이 나온다. 첫 번째는 '오! 해 볼 만하겠는데?' 하는 반응이고 두 번째는 '그게 뭐야, 그냥 낸 만큼 받는 거잖아.' 하는 반응이다. 하지만 착각하지 말아야 할 것이 있다. 이것은 특별한 기술이 아니라 적금을 유지할 수 있도록 기분 전환(동기부여)하는 방법이다. 일단 적금 만기를 경험하고 만기 시점을 꾸준히 가져가자는 것이 핵심이다. 작지만 성공했다는 경험이 누적되면 저축의 맛을 알게 된다. 너무 막연한 목표를 힘겹게 달성하는 것보다, 내가 운영 가능한 금액이 얼마인지 이번 기회에 계산도 해 보고 그 돈으로

작게라도 목돈을 만들어서 나를 위해 써 보면 좋을 것이다.

6개월 만기 때마다 추가로 가입한 1년 적금은 가입한 뒤 2년이 지나면 6개월 단위로 240만 원씩 꾸준히 추가 입금이 된다. 그러면 생활 중 부족함을 느끼는 부분에 정기적인 수혈이 가능해진다. 지출 관리를 더 여유롭게, 더 많은 것들을 할 수 있게 되는 심리적 안정감은 생활에 분명한 활력을 줄 것이다.

입사 2년이 된 K주임은 이 적금 방법을 활용해 6개월 단위로 받은 240만 원씩을 지속적으로 투자하여 시골에 있는 텃밭을 업그레이드하고 있다. 또한 P대리는 여름, 겨울 휴가 기간에 맞춰 만기를 설정하여 월급만으로는 계획하기 힘든 곳에 여행을 다닌다. 이 시스템을 따라 한 L군은 6개월마다 대출을 상환하고 있는데, 생각보다 상환 기간이 많이 줄었다고 좋아한다. 낸 돈만큼 받는 거니 특별한 것 없는 '조삼모사'라 할 수도 있지만, 돈 모이는 게 보이고 이로 인해 마음이 안정화된다는 장점이 있다. 기분 좋게 저축하고 내 마음에 안정을 주는 수단으로 추천하는 것이다.

이 시스템의 고안은 '풍차 돌리기'라고 하는 적금 방법을 보며 시작되었다. 풍차 돌리기는 매월 10만 원씩 적금을 한 개씩 늘려서 1월에는 1개, 2월에는 2개로 매월 적금이 하나씩 늘어나는 형식이다. 12개월이 지나면 그 사람은 12개 적금을 가입하여 매월 120만 원씩 적금 만기를 경험한다. 나의 문제는 그 월 120만 원을 적금으로 가입할 여력이 없다는 것이었다. 이 방법은 은행 적금 이자를 100% 가져가자는 목적으로 만들어졌다고 한다. 연 2% 이자를 주는 1년 적금에 가입한 Y씨는 적금 만기 시 이자가 2%의 절반밖에 되지 않아 당황하며 문의했다. 2% 이자의 진실은, 게시된 이자율을 12개월로 나눈 만큼 이자가 매월 붙는 것에 있었다.

01차월 = 2% 이자의 1/12개월 × 12회 = 1차월 만 2% 이자 지급
02차월 = 2% 이자의 1/12개월 × 11회 이자
03차월 = 2% 이자의 1/12개월 × 10회 이자
04차월 = 2% 이자의 1/12개월 × 09회 이자
05차월 = 2% 이자의 1/12개월 × 08회 이자
06차월 = 2% 이자의 1/12개월 × 07회 이자
07차월 = 2% 이자의 1/12개월 × 06회 이자
08차월 = 2% 이자의 1/12개월 × 05회 이자
09차월 = 2% 이자의 1/12개월 × 04회 이자
10차월 = 2% 이자의 1/12개월 × 03회 이자
11차월 = 2% 이자의 1/12개월 × 02회 이자
12차월 = 2% 이자의 1/12개월 × 0회 이자

요즘은 투자 수단도 다양해지고 효과적인 게 많아 미미한 이자율에 연연하다 보면 더 큰 기회를 잃을 수도 있다고 생각했다. 그렇다고 작은 것에 소홀하면 돈 관리는 실패하니 챙기는 게 맞기는 하지만, 이런 계산보다는 자기 개발에 집중하는 게 맞다고 판단했다. 지속되는 시스템에 이런 것은 넣어 두고 나의 삶에 집중하고 수입을 늘리는 것이 더 중요하다는 점을 잊지 않았으면 좋겠다.

어쨌든 매월 적금 만기를 누리는 방법이라고 유행하던 이 방법을 나는 너무나 하고 싶었다. 결국은 매월 저축해야 하는 금액이 결국 120만 원이 되어야 하는데, 그만큼의 적금이 불가능했던 나는 입맛만 다시며 아쉬움을 삼켜야 했다. 당시 가능한 것은 40만 원 정도의 적금뿐이었기에 회수를 4회로 수정하고 내 동기부여를 완성시킬 방법을 찾았는데 그래서 나온 것이 '돌아라 물래방아' 적금이다. 나는 이 방법이 나처럼 월급만으로 살기 힘든 사람들에게 큰 힘이 된다고 확신한다. 그래서 만기 때마다 숨통이 트였던 이 경험을 계속해서 나누고 있다.

막연하게 적금만 가입하고 정작 누리지는 못하는 사람들을 보며 나는 왜 그렇게 돈을 모으냐고 질문한 적이 있다. "나중을 위해서."라고 답변하는 그들의 표정은 매우 무표정했다. 하지만 이 숨통자금을 한 번이라도 경험해 본 사람은 답변이 다르다. "휴가 시즌으로 만기를 맞추어 놓으니까 카드 할부도 아니고 현금으로 여행을 갈 수 있고, 휴가 후 카드 할부 스트레스 안 받아도 되거든요." 6개월마다 해외여행을 가려고 저금한다는 그분의 표정은 매우 밝았다. 2년 뒤, 3년 뒤 적금을 유지할 확률은 누가 더 높을까! 돈을 많이 벌어도 누리지 못하는 많은 사람들을 본다. 대단하다는 생각은 들지만 부럽지는 않다. 그들의 표정이 결코 행복해 보이지 않기 때문이다.

억대 연봉을 받는 맞벌이 부부를 인터뷰하며 충격적인 이야기를 들은 적이 있다. "두 분 수입이 안정적이어서서 그런지 집도 참 좋네요. 이곳 시설 하나하나 누리면서 사시면 참 행복하시겠어요." "좋은 집 사니까 좋냐고 물으시는 거죠? 저희는 바빠서 집에 거의 없어요. 우리 집에서 일하시는 분이 제일 잘 누리시는 거 같은데요?"

돈을 모으는 이유는 미래의 내가 누리기 위함이다. 돈이라는 숫자에 집착하며 돈을 버는 것은 좋은 방향이 아닌 것 같다.

처음엔 60만 원, 120만 원, 그리고 시간이 흘러 240만 원이 6개월마다 나온다는 게 사실 그렇게 크지 않다. 이는 마중물로 사용하며 심적 부담을 줄이는 데 효과적이다. 월급을 매달 가져오지만 삶이 넉넉해지지 않는다. 오히려 점점 가족 구성원이 늘어나고 지출이 늘어나 쪼들리니 숨이 막히는 횟수가 늘어난다. 숨통자금이라는 이름은 이 때문에 만들어졌다. 벌어도 쪼이는 이 상황에, 월급 외에 정기적으로 들어오는 이 돈이 있으면 급한 문제를 풀어내는 게 도움이 되고 크게 숨을 들이마시는 기회를 가질 수 있다.

우리가 돈을 모으는 이유

막연하게 적금에 가입하고 통장 잔고가 늘어나는 것이 내게 힘을 주지는 않았지만, 6개월마다 적금 만기를 누릴 때면 1년 만기 적금을 새롭게 시작할 수 있는 에너지가 생겼다. 나를 돕는 힘을 지속적으로 가지면서 신용등급까지 안정적으로 지킬 수 있다는 것은 내 삶에 안정감을 주는 좋은 발판이 되었다. 월급과 함께 6개월 단위로 들어오는 숨통자금을 활용한다면 한 번에 변화되지는 않겠지만, 스스로 돈을 컨트롤할 수 있다는 자신감으로 이어질 것이다. 또한 통장 잔고를 볼 때면 기분 좋은 안정감도 함께 느낄 수 있을 것이다.

07장

티끌 모아 내 집 마련하는 청약의 기술

부모님들은 왜 청약통장을 준비하라고 할까?

지금을 살아내는 것이 우선이던 시절, 너무나 저조했던 국가의 저축률을 증대시키기 위해, 은행에선 국민의 염원인 주택구입을 키워드로 관련 혜택을 극대화하며 대대적인 홍보를 진행했다. 청약통장은 그렇게 대중화되었고, 그 혜택을 직접 눈으로 확인했던 어른들은 '청약통장'을 진심으로 신뢰하는 팬이 되었다.

대부분의 직장인은 청약통장을 가지고 있다. 수입이 생기면 일단 청약통장부터 만들라는 부모님의 강권도 있고, 취업을 하기도 전에 부모님이 자녀를 위해 이미 가입해 놓은 경우도 많았다. 초기 청약통장은 2년 이상 가입 시 4.5% 금리라는 매우 높은 이율과 함께 1, 2순위로 가입자를 구별하여 주택구입 자격을 부여하는 등, 집을 구입하는 데 매우 유리한 조건이었다. 입금 차수가 60개월 이상 쌓여야 1순위가 된다 하여 집을 사려는 이들을 대상으로 통장 뒷거래도 성행했다. 그만큼 매력적이었고 이 상황을 경험하신 우리 부모님들 머릿속에서 자녀의 저축 1순위가 청약통장인 것은 당연했다. 과연 지금은 어떨까? 그 내용이 어떻게 바뀌었고 우리는 어떻게 활용하면 좋을지 살펴보아야 할 것이다.

집을 사려면 청약부터? 20~30년 아끼고 저축하면 대출 끼고 조그마하게라도 집을 살 수 있다던 부모님 세대는 청약저축을 맹신했다. 이자율(금리)도 높았기에 충분히 그럴 수 있겠구나 납득이 되지만, 문제는 그 이야기가 이제는 부모님 세대의 라떼이야기일 뿐이라는 것이다. 불과 1, 2년 사이 고민 끝에 어렵게 대출받아 집을 구입한 사람은 대박이 터졌고, 대출이 싫다고 그냥 눌러앉았던 사람들은 땅을 치며 후회할 만큼 집값은 천장을 뚫고 감당 못 할 만큼 올라버렸다. 집 없는 이들은 이제 현 세대에 주택 구입이 불가능하고 대대손손 저축을 이어가야만 방 한 칸 가질 수 있게 된 것이다. 월 100만 원씩 적금하는 것도 어렵지만, 그 어려운 걸 실천한다 해도 80년 이상의 시간이 걸려야 서울 근교에 20평대 아파트를 살 수 있는 시대가 되어버렸다. 청약통장만으로 집을 구입하던 시대는 이제 끝났다. 이제는 물가 상승과 집값 상승 이상의 수익이 만들어지는 투자 수단 없이 주택 구입은 불가능하다. 하지만 그렇다 하더라도 청약통장은 여전히 활용할 포인트가 남아 있다.

청약통장의 분류와 요건

청약통장은 청약저축, 청약예금, 청약부금, 주택청약 종합저축이 있는데 통장 종류에 따라 지역과 가입 대상, 저축 방식, 저축 금액, 대상주택, 1순위 자격 등이 다르게 적용된다. 제일 우선적으로 반영되는 것은 가입 후 납입 기간이고 그 다음은 쌓아 온 예치금 규모, 마지막은 신청자격 요건 확인이다.

지역 원주민 1순위를 주는 경우와 청약통장 1순위면 지역이 상관없는 경우, 면적별로 예치금이 얼마 이상 되어야 하는 등 옵션을 잘 살펴보고 자격요건을 확인한 뒤 기회를 노려야 한다. 기존 청약통장은 1순위 통장을 거액으로 거래할 만큼 요구조건이 다양했지만, 지금은 조건이 완화되면서 청약저축 가입 후 1년(수도권/지방은 6개월)만 경과하면 누구나 1순위 자격을 받을 수 있다. 모든 금융사가 취급하지 않기에 국민, 기업, 농협, 신한, 우리, 하나 은행에 문의하면 가입할 수 있다.

청약은 국민주택과 민영주택으로 나누어 선택할 수 있다. 국민주택은 임대형, 분양전환형의 형태가 대부분이지만, 주택 구입 여력이 있는 사람이라면 추후 자신의 자산으로서 가치를 행사할 수 있는 민영주택을 선택한다. 주변에 인기가 있는 곳들은 경쟁률이 워낙 높다. 따라서 1순위 조건을 갖추면 여러 가지 이점이 있기에 청약통장은 분명 필요한 존재다. 국민주택 공급은 청약저축을, 민영주택 공급은 청약예금을 가입하는 등 성격도 달랐지만 2015년 9월 이후, '주택청약 종합저축'으로 통합되었다. 통합 전 가입된 통장도 효력은 유효하고 동일한 기능을 가진다.

일반적인 분양 순서를 살펴보자. 민영주택으로 아파트 분양 시 사회적 취약층에 한해 특별공급이 먼저 이루어진다. 이후 진행되는 일반공급은 1순위, 2순위로 나누어지는데 그 자격요건들이 분양 건마다 조금씩 차이를 갖는다. 주택청약 시 가입 기간, 납입 회차, 저축 총액 등을 따져 1순위를 정하게 되기에 가입은 빠를수록 좋고 나이에 상관없이 가입할 수 있지만, 청약 기간 인정은 17세부터 가능하다. 무조건 낮은 금액 가입보다는 더 좋은 투자 방법은 없는지 고민하는 것이 더 좋겠다. 과거는 어차피 청약통장 금리가 좋으니까 아이가 태어나자마자 가입해서 저축하는 사례도 많았지만 최근엔 더 좋은 금리의 상품들이 많으니 굳이 그럴 필요가 없어졌다.

청년 때부터 미리미리 준비하겠다는 생각을 가진다면 청년우대형 주택청약저축을 추천한다. 만 19세부터 34세까지가 가입조건이고 군복무자일 경우 병역 기간이 인정되어 39세까지 가입 가능하는 등의 이점이 있다. 연 3,600만 원 이하만 해당되는 소득기준과, 신청인은 무주택 세대주이거나 무주택 세대의 세대원 또는 가입 후 3년 이내 세대주 예정자만 가능하다는 자격 기준도 확인해야 한다.

일반적인 분양 우선순위

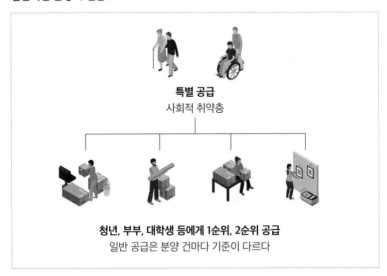

특별 공급
사회적 취약층

청년, 부부, 대학생 등에게 1순위, 2순위 공급
일반 공급은 분양 건마다 기준이 다르다

'청년주택청약'은 주택청약 종합저축과 동일한 기능을 가진데다 이자소득에 대한 부분을 최대 500만 원까지 추가 적용을 받을 수 있다. 10년 이내 무주택인 경우 이자율도 가입일로부터 기존이율에 우대이율은 1.5%를 더해 준다(납입원금 5,000만 원 한도 내, 신규 가입일부터 2년까지 적용 가능). 이런 혜택에 청약 자격까지 더한다면 충분히 가치 있는 투자가 되리라 생각한다.

빠른 가입의 가장 큰 이점은 가입 기간, 납입 회차에 대한 부분이다. 총 예금액이 추후 일시금으로 납입 가능한 것과 달리 기간은 보완이 불가한 항목이기 때문이다. 따라서 개인적 상황 때문에 급한 돈이 필요하더라도 절대로 해약하면 안 된다는 사실을 명심하자.

적립은 월 2만 원 이상부터 50만 원 이내로 내가 넣고 싶을 때 자유롭게 납입이 가능하다. 금리는 정부가 관리하기에 어느 은행에서 가입해도 동일하게 적용되지만 가입 시기에 따라 적용 금리가 다르니 이에 대한 내용도 확인이 필요하다. 저축 총액이 많아야 분양 당첨 확률이 높아지고 공공분양 시 월 최대 인정 금액이 10만 원이라는 점도 확인해야 한다. 따라서 매월 10만 원씩 꾸준히 납입하는 사람도 많다. 그리고 총액 증액으로 경쟁률을 높이기 위해, 분양 신청 시 부족한 예치기준 금액을 일시금으로 납입하여 유리한 상황을 만들기도 한다. 또한 세제 혜택도 기억하고 활용하자. 근로소득 7,000만 원 이

하의 무주택 세대주의 경우에는 연 240만 원까지 납입한 금액의 40%
인 96만 원을 근로소득 금액에서 소득공제해 주기 때문이다.

　청약통장이 활성화되면서 1순위가 너무나 많아졌다. 결국 1순위
안에서도 경쟁을 하는데, 회차만 중요하게 생각했던 나는, 예금액
2,000만 원 이상 등의 옵션을 뒤늦게 확인해서 정보의 부재를 체감하
기도 했다. 모든 정보는 본인이 직접 확인할 때 더 정확한 내 정보가
된다. 잘못된 정보에 대한 책임도 본인이 져야 한다. 따라서 더 적합
한 방법은 없는지 은행에 문의하고 지속적으로 알아보려는 자세가
필요하다. 정보는 곧 돈이라는 말이 있다. 어떤 정보를 입수하고 믿
느냐에 따라 내 돈의 행방이 달라지니 늘 잘못된 정보에 주의하고 좋
은 정보를 고를 수 있는 안목을 기르도록 하자.

기간	청년주책청약의 금리		
	1개월 초과 1년 미만	1년 이상 2년 미만	2년 이상
~2012. 12. 20.	2.5%	3.5%	4.5%
2012. 12. 21.~2013. 7. 21.	2.0%	3.0%	4.0%
2013. 7. 22.~2014. 9. 30.	2.0%	2.5%	3.3%
2014. 10. 1.~2015. 2. 28.	2.0%	2.5%	3.0%
2015. 3. 1.~2015. 6. 21.	1.8%	2.3%	2.8%
2015. 6. 22.~2015. 10. 11.	1.5%	2.0%	2.5%
2015. 10. 12.~2016. 1. 3.	1.2%	1.7%	2.2%
2016. 1. 4.~2016. 8. 11.	1.0%	1.5%	2.0%
2016. 8. 12.~2021. 2. 현재	1.0%	1.5%	1.8%

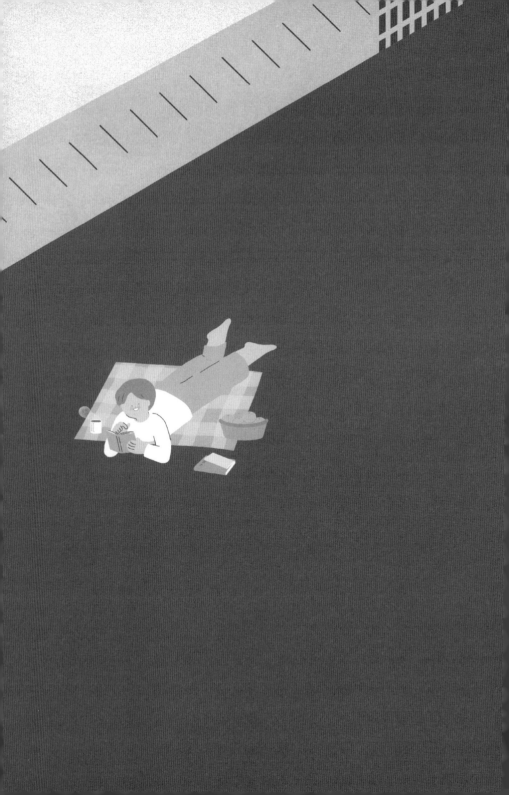

빛도 재산이다

현명한 사람은
대출을 평생 파트너로 여긴다

아, 그때 살걸

빚이라면 지긋지긋했는데, 작년에는 그 빚을 내지 않았던 걸 후회하는 사람이 너무 많았다. 폭발적인 집값 상승을 보며 대출을 받아서라도 집을 샀어야 했다고 땅을 치며 후회하는 사람들 말이다. 분수에 맞게 이사 간다며 대출 없이 전세를 선택한 이들과 무리해서 집을 구매한 사람은 그 선택 하나로 수억 원의 자산 차이가 발생했다. 평생을 저축해도 벌 수 있을까 싶은 그 돈을 주택대출을 활용해서 확보하는 이 세상…… 과연 옳은 것인가?

대한민국이 들썩거릴 큰 파도 속에서 상대적으로 마음 편히 지낼 수 있었던 2가지 부류의 사람이 있을 듯하다. 첫 번째는 이미 그 기회를 잡아서 자산 증식을 이룬 사람, 두 번째는 어차피 살 수 없었기에 이미 포기했어야 하는 사람이다. 관심이 없어서가 아니라 이 기회에서 배제되어야 하는 상황. 수배의 수익이 보장된 확실한 정보를 가지고 있었지만, 계약금이 없어서 그 기회를 놓치는 상황을 경험하면서 돈에 대한 정의를 명확하게 할 수 있게 된 것 같다. '돈은 기회다!'

　돈 때문에 울고 웃으면서 그 녀석을 마주하며, 나는 돈을 어떻게 표현하는 게 좋을지 고민해 왔다. 알아야 정복할 수 있을 것 같아서 생각해 온 수많은 표현 중, 나에게는 '기회'라는 표현이 가장 적합한 것 같다. 사랑하는 사람에게 더 좋은 것을 해 주고 싶은 마음을 실천할 수 있는 기회! 내 목표를 눈앞에 가시화시키기 위해 사용되는 것! 사랑하는 가족이 더 좋은 환경에서 거주할 수 있도록 해 주고, 돈 때문에 고민하던 소중한 딸의 유학을 현실화시킬 수 있으려면 돈이 필요했다. 지금 그 이상의 돈을 쥐고 있는 게 중요한 게 아니라, 그때 그 돈이 내게는 있었어야 그 가치가 더 크게 빛날 수 있었을 것이다. 당장 내 손안의 1억 원보다 그 돈이 없어서 수모를 당하던 그때의 1,000만 원이 훨씬 더 가치가 큰 것을 알기에 우리는 혹시 모를 보릿고개를 미리 준비해야만 한다고 분명히 전하고 싶다.

대출이 필요하지 않을 때 대출을 공부해야 하는 아이러니

대출은 더 나은 내일을 위해 부족한 투자금을 내 신용이라는 한도 내에서 미리 확보하거나, 힘든 지금을 위해 신용이 허락되는 만큼 미래의 나에게 빌려오는 것이다. 이것은 물 또는 공기와 같이, 인간이 살아가는 데 있어서 절대적으로 필요한 것이다. 하지만 그것을 제대로 다루지 못하면 가뭄이나 폭풍우에 생명을 잃을 수 있듯, 빚은 급박한 순간에 나를 돕기도 하지만 어려운 가운데 나를 더 힘들게 만드는 무서운 것이기도 하다. 돈의 노예가 되지 않기 위해, 그들의 지배를 받지 않기 위해서 우리는 빚이 필요 없는 상황일 때 빚(대출)을 이해하고 제대로 활용하는 방법을 알아야 한다. 이것이 매우 중요하다. 그들을 휘두를 수 있는 최소한의 소유권을 가지고 있어야 자유롭게 활용할 수 있다. 빚(대출)이 필요해진 상황에 뭔가를 해보려고 하는 건 너무 늦다.

좋은 곳으로 여행을 가거나 좋은 차를 사는 것. 지금 집보다 좋은 환경의 집으로 가기 위해 대출을 받는 것은, 이 상황이 성사되지 않는다면 아쉽기는 하겠지만 견뎌낼 수는 있다. 있으면 좋지만 없으면 어쩔 수 없는 이런 상황과는 달리, 인생이 걸린 선택에서 돈 때문에 어쩌지 못하는 상황에 서게 되면 스스로가 감당할 수 없을 만큼 작아진다. 때론 삶을 위협하는 지경까지 흘러가기도 한다. 10년을 연애하고 결혼을 약속했지만 부모님의 빚을 감당하느라 모아 둔 돈이 없어서 결혼 비용을 모으다 헤어진 커플을 보았다. 돈 때문에 헤어질 커플이라면 어차피 결혼했어도 잘 살지 못했을 것이라며 위로하고 지나치기에는, 그 타이밍이 아쉽다. 그때만 아니라면 서로를 의지하며 잘 살 수도 있었으리라는 생각이 지워지지 않는다. 자녀의 재능이 너무나 분명하지만, 유학은커녕 학원에 보낼 돈도 없어서 자녀의 진로를 도와주지 못해서 자책하는 부모님도 본다. 교육은커녕 생활을 위한 대출조차 받을 수 없는 신용을 가진 그들은, 집에 돈이 없어서 비자를 받지 못하여 자녀의 능력을 키워 주지 못해 자책하며 살아간다. 그들은 더 악착같이 돈에 집착할 수밖에 없고, 결국 그 돈에 자신을 잡아 먹혀서 꿈이 아닌 돈만을 좇게 된다. 이것이 돈의 무서움이다.

왜 대출에 관리가 필요할까?

빚(대출)은 없는 게 좋다. 그게 마음이 편하다. 신세 지고 사는 것, 누군가의 눈치를 보고 미안해하며 사는 것은 싫다. 내가 가진 만큼, 내 능력만큼, 내가 누릴 수 있는 것들을 누리며 마음 편히 살고 싶다. 그 생각은 옳고 나도 공감한다. 그러나 사랑하는 사람이 생기고, 주고 싶은 것이 많아질수록 그 마음 편함보다는 줄 수 있는 기회를 가지길 원한다. 할 수 있는데 참는 것과, 할 수 없어서 선택할 수 없는 것의 차이는 전혀 다른 감정이다. 하지 못했다는 상황은 동일하지만, 내 마음이 갖는 상실감은 측량할 수 없을 만큼 다르다. 그러니 우리는 대출이 가능한 기회를 만들어 놓은 뒤, 그 대출을 활용하지 않고 살 수 있도록 습관적으로 관리해야만 한다.

요즘 금융권은 타 은행, 타 금융사의 자산과 대출까지도 함께 관리할 수 있도록 연계되어 있다. 예전에는 수입, 저축액과 대출액, 연체 내용에 따라 신용을 평가했지만, 이제는 집 앞 가게의 외상값과 만화책 반납지연 등의 일상생활 상황까지 신용으로 평가하려는 움직임이 이미 시작되었다. 금융사 앱을 다운로드받고 개인정보 동의를 하면 타 은행의 자산까지 합산된 나의 총자산이 마이너스인지 플러스인지까지도 확인할 수 있다. 과거엔 대출이 있으면 생활이 어렵다고 여겼지만, 지금은 더 좋은 기회를 잡기 위해 많은 사람들이 대출을 활용한다. 대학 학자금 대출로 스펙을 높여 더 좋은 기업에서 높은 연봉을 받으려 노력하고, 사업을 위해 대출을 받기도 한다.

긴 시간 해외여행을 할 때도, 100만 원 대의 대형 전자제품을 구입하느라 할부를 선택할 때도, 자신감을 올려 줄 명품을 구입할 때도, 우리는 빚을 졌다고 이야기하지 않고 카드를 사용했다고 말한다. 돈을 제대로 관리하기 위해서는, 이것이 빚(대출)이라는 사실을 반드시 인지하고 지양해야 한다. 많은 사람들이 카드 할부를 빚이라고 인지하지 못한다. "난 빚지는 거 싫어서 대출 같은 거 평생 안 받았어."라는 선배도 차량은 할부로 구매했다. 그 할부에 이자가 붙고, 그 선택으로 다음 선택에 제한이 걸리는 모든 것을 우리는 대출(빚)이라고 부른다. 감당할 수 없을 만큼 상승해버린 물가 앞에서, 대출은 특별한 것이 아니라 우리의 일상이 되었다.

문제는 똑같은 빚을 지더라도 누구는 적은 이자를 내고, 누구는 많은 이자를 낸다는 것이다. 3% 미만의 이자를 내는 사람도 있지만 19% 이상의 이자를 내는 사람도 있다. 그 기준이 되는 신용이라는 것을 우리는 평생 관리해야 한다. 그 신용에 따라 발생하는 이자, 그러니까 매달 상환해야 하는 나의 고정지출이 신용에 따라 큰 영향을 준다. 가진 만큼만 제한적으로, 대출 없이 보수적으로 살겠다고 다짐할 수는 있지만, 상황에 따라 대출과 할부라는 것을 어쩔 수 없이 선택해야만 하는 상황이 생길 수도 있다. 의지를 넘어 일단은 신용관리에 대한 중요성을 꼭 기억하자.

대출을 갚아나가는(상환) 방법은 크게 3가지 선택이 가능하다. 긴 시간 나의 고정지출이 될 수 있으니 추천하는 것을 무조건 선택할 것이 아니라 내 상황에 어떤 조건이 적합한지 고민하고 선택해야 한다.

대부분 금융사는 대출상품 개발 시 이미 수익을 계산하고 상환 방법을 정해 놓고 대출을 진행한다. 우리는 이 모든 과정을 알고 진행해야 후회가 적다. 이를 기억하고 더 좋은 선택을 준비하도록 하자.

원리금 균등상환	가장 대중적인 방식으로 매월 갚아나가는 금액이 동일하여 관리하기 쉽다. 예를 들어 매월 상환 금액이 30만 원이라면, 첫 달 30만 원은 [원금 1만 원 + 이자 29만 원]을 갚는 형태로 비율이 정해진다. 다음 달은 [원금 2만 원 + 이자 28만 원], 그 다음 달은 [원금 3만 원 + 원금 27만 원]의 형태로 이어지다가 마지막에는 [원금 29만 원 + 이자 1만 원]으로 비율이 정해진다. 갚아야 하는 돈은 매달 30만 원으로 동일하지만 대출 회사가 이자를 먼저 받아가는 형태라고 이해하면 된다.
원금 균등상환	위 경우와 달리 매월 갚아야 하는 금액이 변동한다. 매월 갚는 원금이 동일하고 이자는 위와 같이 초기에 많고, 갚을수록 적어지는 형태이기에 총액에 차이가 발생한다. 초기 이자가 많아서 상환 초반은 부담이 크지만, 대출 총액이 가장 작다는 장점이 있다.
원금만기 일시상환	약속된 일자까지 이자만 갚다가 최종 대출 반환일에 원금을 갚는 방식이다. 당장은 여유가 생기는 것처럼 보이지만, 최종적으로 납입하는 이자의 합계는 가장 많다. 지금 당장 갚아나갈 상황이 안 되면 선택하기도 하지만, 그 생활이 점점 더 나아져서 최종일에 목돈의 원금을 준비할 수 있는 확률은 매우 낮다. 우리나라는 대출을 받아야 하는 어려운 상황의 사람들에게 기회를 거의 주지 않기에 회복하는 데 매우 많은 노력이 필요하다. 상황이 더 어려워져서 대출 상환 중도 포기 시, 그동안 갚아왔던 돈은 이자만 상환하고 결국 원금은 그대로 남는 최악의 경우가 있으니 조심해야 한다.

대출 안내문을 살펴보면 깨알 같은 글씨로 알아듣지 못할 수많은 문구들이 적혀 있다. 피해를 보지 않으려면 꼭 읽어 보라는데, 그것이 우리 초보자에게는 너무나 어려운 일이다. 다음은 사회초년생, 청년들의 대출 시 요구받는 자격 요건, 대출 안내문 등을 몇 가지 나열해 보려 한다. 일종의 정리 파트라고 볼 수 있으니, 이 부분은 필요할 때 꺼내서 찾아 읽는 방식으로 활용해 보자. 다만 이 파트가 상품마다 어떤 기준을 요구하는지 확인하고, 관련 내용을 이해할 수 있는 계기가 되면 좋겠다.

또한, 이 책에서 쓰이는 신용평가 기준은 21년 1월 이전의 '등급제'와 이후의 '점수제'의 표기가 병행된다. 부동산에서 표기하는 방식이 '평坪' 대신 '제곱미터(㎡)'로 수 년 전에 변경되었어도 많은 사용자들이 '평坪'을 유지해서 사용하고 있듯, 점수제보다 등급제로 제도를 이해하는 경우가 많고 이해하기도 편하기 때문이다. 또한 점수제는 나이스지키미NICE와 올크레딧KCB, SCI평가정보SCI로 금융사별 반영하는 점수제가 다르기 때문에 초보 입장에서는 오히려 머리가 아프다는 평가가 있었다. 이에 따라 필자도 현장에서는 등급으로 설명을 진행하는 경우가 많다. 이 점 참고하기 바란다.

미리 보는 간단 대출 안내문: 신한은행 햇살론유스

1. 신청자격 조건
▶ 만 19세 이상 ~ 만 34세 이하에게 보증서를 발급해 주고 있어 대학생
  등 취업준비생은 나이 제한만 통과한다면 특별한 자격 조건 없이 누구
  나 신청이 가능
▶ 소득이 있는 사회초년생 연소득 3,500만 원 이하, 중소기업 재직자는 재
  직한 지 1년 이하인 사람 대출 가능

2. 대출 조건
▶ 대출 한도: 1,200만 원이며 동일인에게 딱 1회만 부여
▶ 대출 금리: 연 3.5% 고정금리
▶ 상환 방법: 원금분할 상환
▶ 대출 기간
햇살론유스의 대출 조건(표의 괄호 안에 있는 기간은 군입대 예정자를 위
한 추가 거치 기간)

지원 대상	자격 조건	최장 거치 기간	최장 상환 기간	최장 보증 기간
취업준비생	대학생	6년(8년)	7년	13년(15년)
	대학원생 학점은행제 학습자	4년(6년)		11년(13년)
	미취업자	2년(4년)		9년(11년)
사회초년생	중소기업 1년 이하 재직자	1년(3년)		8년(10년)

3. 신청 방법
신한은행에 대출을 하기 전에 서민금융진흥원 모바일 앱에서 보증번호를 발
급받은 뒤 신한은행 모바일 앱인 신한 쏠을 통해 비대면으로 신청 가능

신한은행 햇살론유스 안내문 이해하기

1. 신청자격 요건

일단 자격 요건에 내가 해당되는지 먼저 살펴보아야 한다. 대출 이자가 낮다고 서류까지 준비했는데 나이가 많아서 거절당하는 경우도 발생하곤 한다. 2023년 6월부터 사법 및 행정 분야에서 나이 계산법이 수정되었다. 본인이 적용되는지 미리 알아본 뒤 신청하자.

▶ 만 19세 이상~만 34세 이하

해당 나이인 신청자에게 보증서를 발급해 주고 있다. 수입이 없어 대출이 어려운 대학생 등 취업준비생일 경우 나이 제한만 통과한다면 특별한 자격 조건 없이 신청이 가능하다는 것이 특징인 상품이다.

▶ 연소득 3,500만 원 이하이고 중소기업에 재직한 지 1년 이하인
  사회초년생

높은 연봉일수록 대출이 용이하지만 이 대출은 3,500만 원 이하 &

중소기업 재직 1년 이하로 자격을 제한한다. 대기업에 재직 중인 고연봉자에 비해 저축, 대출 상환, 사회정착에 상대적 어려움을 극복하도록 돕기 위한 상품으로 이해할 수 있다. 사회 초년 시기에 자립이 되어야 직장생활에도 안정감을 가질 수 있기에 타 대출에 비해 조건이 매우 매우 너그러운 편이다.

2. 대출 조건

▶ 대출 한도: 대출 한도는 1,200만 원이며 동일인에게 딱 1회만 부여

생애 한 번만 주어지는 기회이다. 어려울 때 사용하라는 의미보다 사회에 안정적으로 정착하도록 돕기 위한 지원금 성격의 대출인 셈이다.

▶ 대출 금리: 대출 금리는 연 3.5% 고정금리

신용점수에 따라 대출 금리(이자율)는 다르게 설정된다. 1,000점에 가까울수록 신용이 좋아 이자율이 낮아지는데, 사회초년생은 카드나 대출이 없어 카드연체처럼 마이너스가 될 사건들이 없지만 1등급을 받을 순 없다. 신용에 플러스가 될 신용거래 실적이 없기 때문이며

신용등급 점수표(나이스지키미 & 올크레딧)		
등급	나이스	올크레딧
1등급	900~1000점	942~1000점
2등급	870~899점	891~941점
3등급	840~869점	832~890점
4등급	805~839점	768~831점
5등급	750~804점	698~767점
6등급	665~749점	630~697점
7등급	600~664점	530~629점
8등급	515~599점	454~529점
9등급	445~514점	335~453점
10등급	0~444점	0~334점

일반적으로 4~6등급부터 시작된다.

1~10등급은 5단계(1, 2등급 / 3, 4등급 / 5, 6등급 / 7, 8등급 / 9, 10등급)로 구분해서 금리를 안내해 주는데 1, 2등급과 9, 10등급 간의 이자율 차이가 3배 이상이다. 중요한 것은 4대 시중 은행에서 7등급 이하는 대출 자체가 불가하다는 점이다. 대출을 위해서는 결국 저축은행으로 방문해야 하는데, 그곳의 금리는 최대 19.9%까지 높아지니 그 차이는 5배

에 이른다. 동일한 금액을 대출받아도 이자 자체가 다르니 신용등급이 좋을수록 총 납입액도 낮아지게 된다. 저축하며 이자율을 챙기는 것보다 신용등급을 챙겨서 대출을 잘 관리하는 것이 실질적으로 훨씬 이득인 셈이다.

그렇다면 연 3.5% 대출 금리는 매우 매우 낮다는 것을 알 수 있다. 특히 '고정금리'라고 기재된 내용을 주목하자. 은행의 이자율이 전체적으로 높아진다 해도 처음 약속된 이자율에서 오르지는 않는다는 것인데, 대출 시 꼭 챙겨야 할 키워드다. 물가는 오르고 이자율도 지속적으로 오르기에 납입하던 금액이 상승하여 부담이 커지는 것을 피하는 것이 최선이다. 변동금리가 아닌 고정금리를 선택하여 이런 위험을 대비하는 것은 필수다.

▶ 상환 방법: 원금분할 상환매월 이자뿐만 아니라 원금도 분할하여 상환해야 한다

▶ 대출 기간과 대출 조건(표의 괄호 안에 있는 기간은 군입대 예정자를 위한 추가 거치 기간)

지원 대상	자격 조건	최장 거치 기간	최장 상환 기간	최장 보증 기간
취업 준비생	대학생	6년(8년)		13년(15년)
	대학원생 학점은행제 학습자	4년(6년)	7년	11년(13년)
	미취업자	2년(4년)		9년(11년)
사회 초년생	중소기업 1년 이하 재직자	1년(3년)		8년(10년)

　요즘은 빚을 가지고 취업을 하는 경우가 대단히 많다. 더 높은 스펙을 요구받기에 대학 학자금에서 끝나는 것이 아니라 해외 어학연수에 고액의 취업과외까지, 벌기도 전에 빚부터 지는 것이 대한민국 취업의 현실이다. 대기업이나 공기업을 지원하는 경우는 그 지출액이 특히 커지는 경향이 있다. 정부와 금융기관에서 대출 부담을 줄이고 사회 정착에 집중하라는 취지의 대출인 셈이다.

　이자율이 3.5%로 매우 낮은 편인데, 빚이니까 빨리 갚겠다고 조기상환하겠다는 경우를 종종 보게 된다. 그 상황에서 필자는 중도상환을 만류하고 3.5% 이상의 투자를 추천하는 편이다. 심리적으로는 빚을 없애는 것이 좋겠지만, 숫자로만 봤을 때 3.5%의 이자를 내고 5% 이상의 투자 수익을 낼 수 있다면 본인에게는 더 이익이 되기 때문이다. 중도상환 시 하나 더 확인할 부분은 중도상환 수수료다. 금융회사는 대출 이자로 수익을 내기 때문에, 너무 빨리 갚으면 이자 대출이 종료되어 손해를 볼 수 있기 때문이다. 일정한 기간 전에 갚는 상환금에는 추가 이자(중도상환 수수료)가 붙을 수도 있다는 점을 기억하자.

3. 신청 방법

▶ 신한은행에 대출을 하기 전에 서민금융진흥원 모바일 앱에서 보증번호를 발급받은 뒤 신한은행 모바일 앱인 신한 쏠을 통해 비대면으로 신청 가능

주거래 은행의 이런 상품을 찾아보거나, 또는 이번 기회에 신한은행 앱을 다운로드받고 적금을 가입하며 거래를 시작해 보는 것도 좋을 듯하다.

사용자의 편의는 계속 고민되기에 앱을 설치하고 신청하는 프로세스는 어렵지 않을 것이다. 알아보기 시작하면 생각보다 훨씬 많은 금융기관들을 접하게 될 것이다. 그중 주거래 은행을 지정해서 하나의 은행에서 거래를 모아서 시행하는 것을 추천한다. 총 입금되었다 출금되는 금액 모두가 합산되어 내 자산으로 평가되니까, 그 금액을 한곳으로 몰아 놓아야 나의 신용평가에도 유리하기 때문이다. 집 또

는 직장에서 가까운 곳, 급여통장이나 대출, 카드가 발급된 금융기관으로 지정하는 것이 좋다는 것은 기본상식!

미리 보는 간단 대출 안내문: KB 처음 EASY 신용대출

1. KB 처음 easy 신용대출이란?
▶ 통신정보 등 비금융데이터를 기반으로 새로운 신용평가 방식을 적용하여 다양한 소득인정 기준을 활용한 대출 한도를 부여하는 신용대출 상품
▶ 내맘대로 통장자동대출 적용 상품으로 최초 약정한 금액 범위 내에서 사용한도의 자유로운 증액과 감액이 가능하며, 추가 우대금리가 적용

2. 대출 신청 조건
▶ 만 19세 이상
▶ 직장인 사회초년생, 초기사업가, 사업소득원천징수대상자 중 아래의 조건에 모두 충족하는 사람
(재직 또는 사업 기간이 3개월 이상 1년 미만)

3. 대출 가능 금액
▶ 직장인 사회초년생, 초기사업가, 사업소득원천징수대상자: 최대 1,000만 원
▶ 아르바이트생, 전업주부, 은퇴자 등: 최대 700만 원

KB 처음 EASY 신용대출 안내문 이해하기

1. KB 처음 easy 신용대출이란?

비금융데이터 기반이라는 평가 방식은 앞서 언급되었던 일상생활에서 주변에 신뢰를 쌓아 온 행태를 평가하는 방식이다. 정해진 일자에 꾸준히 거래된 내역이 있으면 용이하다. 공과금이나 통신료 등 지출이 연체 없이 꾸준히 납부되고 있는지 여부 등을 말한다. 이제 일상생활도 금융에 반영되어 신용평가가 된다는 점을 꼭 기억하자.

대출은 'and'라는 모든 조건 해당 시 가능한 상황과 'or'이라는 하나만 해당이 되어도 가능하다는 2가지 조건을 제시하니 잘 읽어 보고 자격요건에 해당하는지 확인해야 한다.

2. 대출 신청 조건

▶ 만 19세 이상

▶ 직장인 사회초년생, 초기사업가, 사업소득원천징수대상자 중 아래 조건에 모두 충족하는 사람

(재직 또는 사업 기간이 3개월 이상 1년 미만)

위 신청 조건은 and 조건으로, 위 사항에 모두 충족되어야 대출 가

능 심사를 받을 수 있다.

① 기본 조건: 다음 사항 중 하나라도 미 적합 시 대출 불가('and')
  – 만 19세 이상의 직장인/초기사업가로 3개월 이상 1년 미만의
    사회 경력이 있어야 함
  – 예) 19세 이상이 되지 않는다면 다른 조건에 적합해도 대출
    불가

② 대출 신청 조건: 다음 중 하나에 해당('or')
  - 회사에 다니거나(재직) or 초기사업가 or 사업소득원천징수대
    상자
  – 학생 신분은 대출 불가. 학교에 다니며 회사에 다니는 것은 가
    능하지만 '재직' 여부가 공식적으로 증명되어야 한다. 회사에
    다닌다는 증명은 4대보험 가입 여부를 확인하며, 다니고는 있
    지만 가입이 안 된 상태로 현찰을 직접 받는 형태는 승인이 불
    가하다. 또한 계약서 미작성에 4대보험 미가입 상황은, 법적
    의무사항이기에 법으로 처벌되는 사안임을 기억하자.

③ 대출 신청 조건 추가: 위 조건과 'and' + 3개월 이상 1년 미만 근

무 조건에 해당

– 대출 시 위 사항을 증명할 수 있는 서류 없이 근무 여부를 인정받는 것은 불가하다. 직장인의 경우 재직증명서와 4대보험 가입증명을 통해 입사여부와 입사일자를 확인할 것이다. 한 예로 거부된 사례는 다음과 같다.

회사 입사는 3개월 이상인데, 초기 2개월은 인턴으로 근무했고 3개월째부터 4대보험 가입이 이루어진 경우 근무 증빙은 단 1개월이 맞다. 모든 기준은 근거가 있어야 하며 근로기준은 4대 보험임을 기억하자!

사업자의 경우 사업자등록증과 소득증빙이 가능한 서류를 요구받을 것이다. 급여소득자가 아닌 '사업자'의 경우는 사실 안정적 수입원으로 보지 않아 상대적으로 대출이 어렵다는 점을 참고하자.

3. 대출 가능 금액

▶ 직장인 사회초년생, 초기사업가, 사업소득원천징수대상자: 최대 1,000만 원

▶ 아르바이트생, 전업주부, 은퇴자 등: 최대 700만 원

사업자의 경우 본인보다 소득이 한참 낮은 직장인보다 대출 가능 액수가 적은 것을 경험하게 될 것이다. 대기업 등 기업 등급이 높은 경우일수록 대출이 수월하고 한도액이 높다. 대출 신청자의 신용이 아닌 재직 중인 기업의 등급이 반영되기 때문이다. 자영업을 하거나 사업자등록증을 내고 사업을 시작한 스타트업 대표의 경우, 기업 안 정성이 입증되지 않고 매출이 꾸준히 일어나기 이전이기에, 그들의 평가 기준은 소득이 없는 상태와 유사하게 보게 된다. 따라서 대출이 매우 어렵다. 매출이 발생하고 세금이 납부되어야, 납부된 세금을 기 준으로 소득을 인정해 준다는 점을 참고하자.

그래서 스타트업 회사의 경우 자사 대출이라는 이름으로 회사 돈 으로 대출을 해 주는 경우도 있다. 이러한 것도 기업의 복리후생에 포함되니 기업 선택 시 참고하길 바란다.

신용등급은 NICE와 KCB 형태로 각각 구별하여 평가되고, 각 은행 별로 별도의 평가 방식이 추가 적용되어 대출이 이루어진다. 신용점 수를 등급별로 간단히 구분하자면, 1~3등급 우수, 4~6등급 보통, 7등 급 이하 미흡이라고 생각하면 된다. 참고로 7등급은 대출 조건이 나 쁘고, 8등급은 개인별 차이는 있지만 대출이 어렵다고 생각하는 게 일반적이다. 9등급은 대출이 불가하고 10등급은 신용불량 상태로 이 해하면 된다.

신용등급 관리가 중요한데, 연체는 절대 금지! 대출금 상환은 오래된 것부터(이자율 높은 것부터), 신용카드 현금서비스 금지 등의 주의사항이 있다. 등급을 올리는 데는 다양한 조건이 복합적으로 평가되어 상당히 긴 시간이 요구된다. 대출을 모두 상환하고 엄청난 금액을 자산으로 보유하고 있다면 그 속도는 매우 빠르게 올라가겠지만, 이런 상황을 만드는 것은 현실적으로 어렵다.

일반 신용대출 신용등급별 금리 현황(단위: %)

은행	구분	CB사 신용점수별 금리(%)											평균신용점수	CB회사명	참고사항
		1000~951점	950~901점	900~851점	850~801점	800~751점	750~701점	700~651점	650~601점	600점 이하	평균금리	서민금융제외 평균금리			
KDB산업은행	대출금리	-	-	-	-	-	-	-	-	-	-	-	0		
NH농협은행	대출금리	5.78	6.22	6.63	7.05	7.42	7.92	8.07	8.39	9.22	6.47	6.00	896	KCB	
신한은행	대출금리	5.40	5.73	6.21	6.54	7.17	7.91	9.04	9.94	11.28	5.89	5.57	920	KCB	
우리은행	대출금리	5.66	5.89	6.16	6.46	7.11	7.50	8.39	9.41	10.77	6.03	5.80	918	KCB	
SC제일은행	대출금리	6.06	6.55	7.78	8.56	9.01	9.52	10.01	10.67	10.58	7.06	6.86	905	KCB	
하나은행	대출금리	5.54	5.80	6.14	6.62	7.13	7.76	8.45	8.94	9.89	6.09	5.63	912	NICE	
IBK기업은행	대출금리	5.32	5.51	5.64	6.08	6.22	7.21	7.44	7.51	7.90	5.56	5.36	941	KCB	
KB국민은행	대출금리	5.78	6.16	6.62	7.05	7.80	8.32	9.24	9.84	10.07	6.47	5.98	936	KCB	
Sh수협은행	대출금리	5.34	5.73	5.95	6.31	6.98	9.00	10.49	7.49	-	5.58	5.55	779	KCB	
DGB대구은행	대출금리	6.68	6.85	7.64	8.09	8.41	8.81	9.29	9.75	9.94	8.39	9.19			
BNK부산은행	대출금리	6.14	6.69	7.29	7.73	7.98	9.08	9.37	9.78	10.26	7.06	6.53			
...	...	...	...	...	...	...	...	...	...	...	...	...	...	...	...
...	...	...	...	...	...	...	...	...	...	...	...	...	...	...	...

* 본 자료는 2023년 3월 중 취급된 대출을 기준으로 작성한 자료입니다(대출금리 = 기준금리 + 가산금리 - 가감조정금리).

- 각 은행 신용점수별 금리 비교. 출처: 전국은행연합회

미리 보는 간단 대출 안내문: 농협 NH새내기 직장인 대출

I. 신청대상
▶ 재직기간 I년 미만인 근로소득자
▶ 건강보험 직장가입자
▶ 연소득 2,000만 원 이상
▶ 은행이 정한 신용도 기준을 충족한 사람

2. 금리
▶ 최저 연 4%에서 최고 연 5.81%
▶ 고정금리와 변동금리 중 선택이 가능하고 신청자의 신용등급에 따라 차등 적용

3. 한도
▶ 최대 3,000만 원. 신용등급 등에 따라 차등 적용

4. 대출 기간과 상환 방법: 대출 기간 최대 5년, 상환 방법에 따라 기간이 다르게 적용
▶ 만기일시 상환 선택 시: 기간은 I년 이내
▶ 원금균등 할부상환이나 원리금균등 할부상환 선택 시: 기간은 5년 이내
▶ 중도상환수수료가 있어 만기 전 예정 액수에서 추가 상환 시 수수료가 발생할 수 있다

농협 NH새내기 직장인 대출 안내문 이해하기

1. 신청대상

아래 조건에 모두 해당 시 대출 가능(회사만 다닌다고 모두 대출이 되지는 않는다)

– 재직기간 1년 미만인 근로소득자

– 건강보험 직장가입자

– 연소득 2,000만 원 이상

– 신용도

2. 금리

▶ 최저 연 4%에서 최고 연 5.81%이며 고정금리와 변동금리 중 선택이 가능

신청자의 신용등급에 따라 이자율은 차등 적용(금리인하요구권 사용 가능)

* 금리인하요구권: 국가인증 자격(의사, 변호사 등)을 취득하거나 월급이 20% 이상 증가, 진급이나 사업소득 증가 등 은행별 적합 조건에 해당되면, 기존보다 현 상태가 안정화되었다고 판단하여 신용등급이 상승할 확률이 높아진다. 이는 금융기관에 재평가를 요청

하여 이자율을 낮춰 달라고 요구할 권리를 가진다는 의미이다.

3. 한도

▶ 최대 3,000만 원이고 신용등급 등에 따라 차등 적용

신용등급은 대출 금액도 제한이 걸리지만 이자율 또한 차등 적용
이 되니 평소에 잘 관리하자.

4. 대출 기간과 상환 방법

– 대출 기간은 최대 5년이며 상환 방법에 따라 기간이 다르게 적
  용된다.
– 만기일시 상환으로 상환하였을 경우 기간은 1년 이내이며, 원금
  균등 할부상환이나 원리금균등 할부상환으로 상환하였을 경우
  기간은 5년 이내이다.
– 마이너스 통장 방식으로 상환하였을 경우 1년 이내이다.
– 중도상환수수료가 있어 만기 전 예정된 액수보다 더 많은 돈을
  갚을 경우 수수료가 발생할 수 있다.

미리 보는 간단 대출 안내문: 청년전세자금 대출

청년전세자금 대출은 중소기업에 근무 중인 청년의 전월세 보증금 부담을 덜어 주기 위해 주택도시기금에서 보증을 대출해 주는 제도로 시중은행의 전세 대출 금리보다 저렴한 1.2%의 금리로 대출을 받을 수 있다.

1. 신청자격
▶ 중소기업 취업자 및 청년창업자
▶ 만 19세 이상~만 34세 이하의 무주택 청년(병역의무를 이행한 경우 복무 기간에 비례 최대 만 39세까지 연장)
▶ 부부합산 연소득 5,000만 원 이하(외벌이 3천 5백만 원 이하)
▶ 순자산 3.61억 원 이하
▶ 주택임대차계약을 체결하고 임차보증금의 5% 이상을 지불
▶ 주택도시기금대출, 은행 전세자금대출 및 주택담보 대출 미이용자

2. 대상주택 조건
▶ 임차 전용면적 이하 주택(오피스텔 포함)
▶ 전월세 보증금 2억 원 이하

3. 대출 금리 및 대출 한도
▶ 중소기업 청년전세대출의 대출 금리는 연 1.2%, 대출 한도는 최대 1억 원
▶ 대출 기간은 최초 2년, 4번의 연장을 통해 10년까지 이용 가능

4. 신청 방법
▶ 계약서 체결 후 잔금지급일과 전입일 중 빠른 날로부터 3개월 내에 신청하면 되며 재계약도 계약갱신일로부터 3개월 내에 신청

청년전세자금 대출 안내문 이해하기

1. 신청자격

▶ 중소기업 취업자 및 청년창업자/만 19세 이상~만 34세 이하 무주택 청년

아래 내용을 보면 더욱 공감이 되겠지만, 재산 형성을 위한 대출이 아닌 지출 감소를 위해 제공하는 대출이다. 연소득이나 순자산이 자립하는 기준을 설정하고 그 이하의 조건에 해당하는 이들에게만 제한적으로 본 대출이 제공된다.

부족한 이들을 위해 제도를 만들어 준 것은 감사한 일이지만, 이 기준에 해당하려면 어느 정도의 목돈은 모아 둔 상태여야 활용이 가능하다. 임차보증금의 5% 이상(예: 2억 보증금 중 1,000만 원 보유자가 신청 가능)을 본인이 지불해야 하기에 이 기준에 해당하려면 수익률이나 이자

율 계산이 아니라 무조건적인 저축으로 500만 원 이상의 목돈 마련이 반드시 필요하다.

주택도시기금 대출, 은행전세자금 대출 및 주택담보 대출 미이용자. 청년전세자금 대출이 지금 나열된 위 대출보다 이자율이 훨씬 낮다. 이미 받았으면 이 기회를 가져갈 수 없기에, 일단 실천하기에 앞서 적합한 조건을 탐색하는 조사가 필요하다. 참고로 먼저 알아보고 마음에 든다고 계약금을 덜컥 지불했는데 전용면적이 더 커서 대출이 불가하다는 안내를 받고 계약금을 포기한 사례도 있다.

2. 대출 금리 및 대출 한도

▶ 중소기업 청년전세 대출의 대출 금리는 연 1.2%이고 대출 한도는 최대 1억 원 이내

▶ 대출 기간은 최초 2년이며 4번의 연장을 통해 10년까지 이용이 가능

이런 대출 이자는 만나기 어렵다. 빨리 대출을 정리하고 싶은 마음도 이해되지만, 이런 대출은 반드시 연장하여 상환 가능한 금액을 저축/투자하는 것이 더 현명할 수 있다.

직장이 서울이나 시내 중심으로 몰려서 생성되다 보니 출근을 위

해 거주지를 옮기고 이를 위해 지출되는 금액이 월급에서 가장 큰 비율로 형성된다. 사회초년생의 정착을 위해 지출 부담을 줄이고 저축 여력을 제공하기 위해 만들어진 전세자금 대출이다. 이런 상품을 활용할 수 있게 된다면 월세 부담을 저축으로 전환할 수 있으니 보다 빠른 목돈 마련이 가능해질 것이다. 이미 주변의 도움을 받아 전세금은 마련했다 하더라도, 더 낮은 이자로 대출이 가능하다면 번거로움을 무릅쓰더라도 총상환 금액을 줄이는 것이 현명할 것이다. 전세자금은 이미 있는데 이자가 낮으니 일부러 대출을 받아서 투자 등 다른 목적으로 사용하는 경우도 발생한다. 목적이 거주지 안정이기에 그런 사태가 벌어지지 않게 은행에서도 다각도로 확인하겠지만, 근본적으로 대출은 그 목적에 맞게 사용해야지 투기 형태에 현혹되어서는 절대 안 된다는 점을 기억하자!

미리 보는 간단 대출 안내문: KB청년버팀목

KB청년버팀목이란?
주거비용 문제로 어려움을 겪는 청년들을 대상으로 하며, 저금리에 중도상환 수수료가 없고 자유롭게 상환이 가능한 전세자금대출 상품

1. 한도
▶ 임차보증금의 80% 이내에서 최고 7,000만 원 이내

2. 대상
▶ 만 19세~34세 이하의 세대주 및 세대주예정자이고 주택임대차계약을 체결해 임차보증금의 5% 이상 지불하고 아래 요건을 모두 갖춘 고객
- 대출 신청일 기준 민법상 성년인 세대주나 세대주로 인정되고 세대주를 포함한 세대원 전원이 무주택인 고객
- 최근 연도 또는 최근 1년간 부부 합산 총소득이 5,000만 원 이하인 고객

3. 대출 금리
▶ 기본금리: 연 1.5%~2.1%
▶ 가산금리: 주택금융신용보증서 발급 거절자를 대상 임차보증금 반환 확약서 담보 신용대출의 경우 연 1%
▶ 우대금리: 최대 연 2.1%(다자녀가구, 청년가구, 주거안정월세자금대출 성실납부자, 부동산전자계약 우대금리는 중복 적용 가능하며 우대금리 적용 후 적용 금리가 연 1% 이하인 경우 연 1%로 고정)

- 부동산 전자계약: 연 0.1%
- 주거안정 월세 대출 성실납부자: 연 0.2%
- 다자녀가구: 미성년 자녀 3인 이상 연 0.7%, 미성년 자녀 2인 연 0.5%, 미성년 자녀 1인 연 0.3%
- 청년 전용: 임차 전용면적 이하, 임차보증금 7,000만 원 이하, 대출금 5,000만 원 이하인 만 25세 미만인 단독 세대주 연 0.3%
- 노인부양/고령자/장애인/다문화가구: 각 연 0.2%

4. 대출 기간

▶ 기본 2년(4회 연장 가능 최장 10년)
▶ 전세금안심대출 보증을 이용할 시 최대 2년 1개월 이내 임대차계약 만기일 후 1개월 경과해당일(4회 연장 가능 최장 10년 5개월)
▶ 미성년 자녀 가구는 최장 연장 기간 후 미성년 자녀 1회 추가 연장 가능

기한 연장마다 최초 취급된 대출금 잔액의 10% 이상 상환, 미상환 시 연 0.1% 금리 가산

5. 상환 방법

▶ 만기 일시상환, 혼합상환 중 선택
- 혼합상환: 대출금액의 일부는 분할상환하고, 나머지 금액은 만기에 일시 상환하는 방법
- 임차중도금 및 전세자금안심대출 보증서 담보 버팀목전세자금은 혼합상환 불가

KB청년버팀목 안내문 이해하기

지금 겪는 주거비용 문제 해결을 지원하고, 중간에 목돈이 생기면 중도상환수수료 없이 자유롭게 상환이 가능한 상품으로 매우 고객 중심으로 설정되어 있는 상품이라 하겠다.

1. 한도

▶ 임차보증금의 80% 이내에서 최고 7,000만 원 이내

최대 7,000만 원까지 대출 가능이 아니라 임차보증금 비율에 따르며 본인 신용, 보유자산 등을 검토해서 가능 금액이 달라진다.

1,000만 원까지 대출이 가능하다고 생각해서 계약을 진행하다가 신청자의 신용등급 검토 후 절반밖에 대출이 안 된다고 안내받는 경우도 발생한다. 사전 문의를 통해 대출 가능 금액을 파악한 뒤 얼마만큼의 범주 안에서 움직일 수 있는지 꼭 파악하자.

임차보증금의 5% 이상 지불이 조건이라는 점도 참고하고 본인의 납입 여력을 꼭 파악하자.

2. 대상

▶ 대출 신청일 기준 민법상 성년인 세대주나 세대주로 인정되고
세대주를 포함한 세대원 전원이 무주택인 고객

본인이 주택 구입 이력이 없기에 무주택이라는 조건에 해당한다
생각해서 신청했으나, 본인도 모르게 부모님이 집을 계약한 사실이
있어서 거절된 사례도 있다. 요즘은 본인 확인 절차가 까다로워져서
대신 계약하는 등의 경우가 많이 줄어들었지만 진행 과정은 가족들
과 상의하며 자격요건에 부합하는지 확인할 필요가 있다. 첫 번째 대
상은 최근 연도 또는 최근 1년간 부부 합산 총소득이 5,000만 원 이하
인 고객이다. 합산 총소득이라는 점을 꼭 주의해야만 한다. 그밖에도
다양한 외적 이슈 때문에 반려가 될 수 있는데, 실제로 부부 연봉은
딱 맞추었는데 본인 명의로 부모님이 사업소득이 발생하는 것을 몰
라서 거절당한 사례 또한 있다.

결혼 예정인 예비 신혼부부의 경우 주택청약 등의 목적을 위해, 혼
인신고를 결혼식 이전에 처리하여 청약 가산점을 받아 당첨되는 경
우도 있었다. 제도를 잘 안다면 효과적인 시기를 전략적으로 고민할
필요가 있다.

대출 신청인 및 배우자의 합산 순자산가액이 최근 연도 가계금융 복지조사의 소득 5분위별 자산 및 부채 현황 중 소득 3분위 전체가구 평균값 이하인 고객평상시 본인이 소득 몇 분위에 있는지 인지하고 있는 경우는 매우 드물다. 기재된 소득분위는 보유자산에 따라 구분된다고 하는데, 이와 관련된 내용은 다음 장에 첨부한다.

자산 유형별 보유액 및 구성비 (단위: 만원, %)

		자산	금융자산			실물자산				
				저축액	전월세 보증금		구성비	부동산	거주 주택	기타
전체		54,722	12,126	8,548	3,577	42,646	77.9	40,355	25,496	2,292
소득 5 분위별	1분위	17,188	3,665	2,234	3,577	13,523	78.7	13,238	9,312	284
	2분위	30,009	7,002	4,415	1,432	23,007	76.7	21,926	15,027	1,081
	3분위	43790	10,018	6,597	2,586	33,773	77.1	31,617	21,254	2,156
	4분위	61,910	13,537	9,395	3,421	48,373	78.1	45,333	30,150	3,040
	5분위	120,910	26,396	20,092	4,142	94,514	78.2	89,619	51,716	4,895
순자산 5 분위별	1분위	3,862	2,665	978	6,304	1,197	31.0	797	449	400
	2분위	15,190	6,911	3,266	1,686	8,278	54.5	7,032	5,363	1,246
	3분위	31,479	9,741	5,874	3,645	21,738	69.1	19,763	15,207	1,976
	4분위	60,844	13,681	9,842	3,867	47,163	77.5	44,162	31,937	3,001
	5분위	162,471	27,629	22,780	4,849	134,841	83.0	130,006	74,516	4,835
입주 형태별	자가	73,669	10,603	10,603	-	63,066	85.6	60,119	42,933	2,947
	전세	49,368	28,737	8,824	19,913	20,631	41.8	18,850	-	1,781
	기타 (월세 등)	14,506	6,176	3,679	2,497	8330	57.4	7,252	-	1,078

*상대표준오차(RSE)가 크거나(25% 이상) 표본규모가 과소하여 이용 시 유의

출처: 2022년 가계금융복지조사 결과: 통계청 사회통계국 복지통계과 보도자료

3. 대출 금리

기본 금리에서 가산, 우대 등 다양한 조건들이 나열되어 있다. 본인이 위 조건에 해당하는지 여부는 스스로 확인하고 챙겨야 한다. 관련 증빙서류를 누락하여 불필요한 추가 이자를 납입할 필요는 없다. 부동산 전자계약 시 연 0.1% 우대 등의 조건은 내가 부동산에 요청하면 확보할 수 있는 이득이다. 사전에 이러한 사항들을 하나씩 확인하고 접근한다면 지출을 줄이는 데 하나쯤은 도움이 되지 않을까?

▶ 부동산 전자계약: 연 0.1%
▶ 청년 전용: 임차 전용면적 이하, 임차보증금 7,000만 원 이하, 대출금 5,000만 원 이하인 만 25세 미만인 단독 세대주 연 0.3%

무조건 큰 평수를 선호하는 것이 아니라 위 조건에 따라 현명하게 유지 가능한 현실적인 선택을 하는 것을 추천한다.

4. 대출 기간

▶ 기본 2년(4회 연장 가능 최장 10년)

이렇게 기재된 연장 기간을 메모해 두고, 대출 상환 시기를 계획하여 돈을 모으고, 대출이라고 무조건 빨리 상환하려 애쓰기보다 연장을 통해 또 다른 자산의 활용 용도를 고민해 보는 것도 좋겠다.

5. 상환 방법

▶ 만기 일시상환, 혼합상환 중 선택

혼합상환: 대출 금액의 일부는 분할상환하고, 나머지 금액은 만기에 일시 상환하는 방법

임차중도금 및 전세자금안심대출 보증서 담보 버팀목전세자금은 혼합상환 불가

대출 시 자격요건 부적합으로 거절당하는 사례들이 있어서 은행의 몇몇 대출 자격요건을 확인해 보았다. 이후에도 언급하겠지만 금융기관별 대출 방법도 다양하니 본인에게 적합한 곳을 찾아서 안정적인 상환이 가능한 정도의 대출을 계획적으로 준비해야 한다.

대출은 나에게 기회를 주는 것

대출이란 단어가 어색하고, 본능적으로 신세지는 게 싫어서 부정

적인 인식이 있을 수 있다. 그러나 기회비용이라는 것을 기억하자. 앞에서 이야기했던 것처럼 이를 활용해 주택을 구입할 수도 있고, 당장 학자금을 납입할 수 없는 상황이라면 대출을 통해 학력을 보강하여 이후 사회에서 더 큰 기회를 확보할 수도 있다.

그래도 거부감이 있다면 시선을 바꿔 대출을 현 상황에서 할 수 없는 것들을 가능케 하는 기회를 주는 수단으로 생각해 보자. 전세대출의 경우 월세 대신 대출원금과 이자를 납부한다. 계약종료 후 이사를 가게 될 때, 월세는 사라지지만 전세 보증금은 되돌려받아 내 자산으로서 다음의 기회비용이 된다. 결혼 시 혼수로 100만 원 넘는 양문형

대출은 무조건 나쁠까?

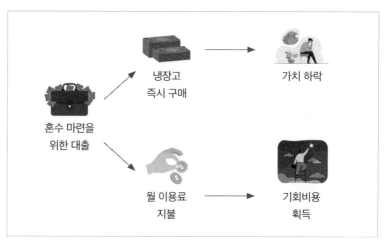

냉장고를 현찰로 구입하는 경우 그 냉장고는 시간이 갈수록 가치가 떨어지지만, 전자제품 렌탈을 통해 월 사용료를 지급하게 되면 당장 지출되는 목돈을 집의 보증금으로 사용하여 나중에 더 좋은 환경을 누릴 기회를 가질 수 있다.

무조건 대출이 안 좋다고 피할 것이 아니라 나의 현 상황을 넘어서는 무리한 대출로 더 악조건에 빠지는 것을 피하는 것이 중요하다. 지금부터는 현명한 대출과 피해야 할 대출에 대해 이야기해 보겠다.

02장

은행에 가서
아무 대출이나 받으면 될까?

대출도 첫 단추가 중요하다

대출이라는 게 필요한 건지, 무조건 피해야 하는 건지, 무엇이 맞는지 아무도 가르쳐 주지 않았다. 하지만 분명한 것이 하나 있다. 사람마다 기준이 다르다는 것이다. 누군가의 비법이 누군가에게는 오답일 수 있기에 주변의 사례는 참고만 할 뿐 정답으로 접근해서는 위험하다. 그러니까 우리는 개념을 배워야지 남들 소문에 휘둘리면 절대 안 된다.

대출은 특히 그러하다. 잘못된 대출 하나로 인해 나의 경제적 평가와 상황들은 매우 크게 뒤바뀔 수 있다. 수업 중에 한 교수님이 유리병에 큰 돌멩이를 가득 채우고, "이 병은 가득 찼나요?"라고 학생들에게 물었다. 학생들이 그렇다고 대답하자 교수님은 작은 돌멩이들을 올려놓고 유리병을 흔들었다. 그러자 작은 돌멩이들이 틈 사이사이로 채워졌다. 그리고 똑같은 질문을 다시 던진다. "이 병은 가득 찼나요?" 다음은 모래, 그 다음은 물을 추가로 넣으면서, 일의 우선순위에 대해 이야기했다. 이 순서를 다르게 했을 때에는 내용물이 이만큼 들어가지 않는다는 조언과 함께.

대출이 이와 같다. 처음엔 어떤 대출로 시작했는지에 따라 나의 신용평가가 달라지고 이후에 추가 대출의 정도도 달라진다. 급한 상황에 돈을 빌려준다는 공통점은 있지만, 우리는 사전에 계획을 세우고 나의 신용에 최소한의 영향을 끼치는 대출을 선택할 수 있다. 그래서 미래의 내가 우수한 신용등급으로 사회생활을 할 수 있도록 만들 수 있다.

대출이 필요한 시기가 있다. 지금이 분명한 기회이지만 당장 그것을 선택할 경제적 여력이 부족할 때 우리는 대출을 필요로 한다. 내 분수에 맞는 대출이 내 자산이라면, 내가 감당할 수준을 넘어선 것은 빚이라고 정의해 보자. 대출을 문의하면 이미 금융사에서는 나의 한도를 계산한다. 그것은 내가 동의한 개인정보를 참고하여 만든 형태일 뿐, 실제 내 경제상태는 그보다 위험한 경우가 많다. 그래서 대출을 받을 때 그들이 제안하는 금액 전부를 수용하는 것은 지양하는 것이 좋다.

그렇다고 계산을 잘못해서 부족하게 대출을 받으면, 당장의 문제를 해결 못 하는 대출을 안 받느니 못한 상황이 될 수도 있다. 다시 평가를 받으려면 처음부터 시작해야 한다.

복잡하다고? 그렇게 느낄 수밖에 없다. 게다가 대출은 받고 나면 마음까지 더 복잡해질 수 있으니 되도록 안 받는 게 좋을 수도 있다. 하지만 내 마음대로 내 경제적 상황이 유지되지 않으니 미리 그 종류는 알아보도록 하자.

당신의 상황에 맞는 대출을 찾아라

대출을 쉽게 구분해 보면 금융권이 주는 것, 담보를 보고 주는 것, 신분을 보고 주는 것, 정부 지원으로 받는 것들이 있는데, 대출을 선택할 때는 금리가 낮은 곳(받기 어려운 곳)부터 알아보는 것이 좋다. 이런 곳은 질문도 많고, 제출해야 하는 서류도 많다. 나를 까다롭게 검증하기 때문에 불편하다고 생각할 수 있지만, 그만큼 금리가 낮고 내 신용을 지키는 데 도움이 된다. 그래서 우선순위를 두는 것이다.

묻지도 따지지도 않고 쉽게 해 주는 대출은, 다른 대출에서 거절받고 더 이상 갈 곳이 없을 때에야 찾아가는 것이 맞다. 아니 그런 대출은 나중을 위해 피하는 게 맞다. 일단 이런 쉬운 대출을 받고 나면 이후 1금융권과의 거래는 어려워지며 추가 대출 시 거절이 잦아지고 신용평가는 바닥을 향하게 된다는 점을 꼭 기억해야 할 것이다. 대출 우선순위는 이자(금리)가 낮은 곳을 선택하면 된다. 그러기 위해서는 대출 선택의 기준부터 알아야 할 것이다.

다음은 어떤 대출이 있는지, 낮은 이자(저금리)가 설정되는 곳부터 알아보자. '저금리 기준'으로 보았을 때 문의를 해야 하는 순서는 다음과 같다.

① 담보 대출
② 보험약관 대출
③ 1금융은행 대출
④ 정부지원서민 대출
⑤ 2금융 대출
⑥ 대부업 대출

자세히 뜯어보자. 우선 담보 대출에 조건이 안 된다면 보험약관 대출을 알아봐야 한다. 보험사에 실적이 없어 거절을 당한다면 그 다음은 은행 대출이다. 일단 주거래 은행, 제1금융권을 우선으로 찾아보는 게 좋다. 자신이 어디에서 대출을 받을 수 있는지, 어떤 대출이 더 유리한지는 상황과 처지에 따라 다르니 이 점을 꼭 유념하라.

나열된 순서를 보면 내가 미리미리 어떤 준비를 해야 하는지 대충 보일 것이다. 돈을 벌면 담보가 될 무언가를 미리 만들어야 나중에도 도움이 되겠구나, 보험약관 대출이 좋다면 보험 가입도 중요한 거니까 잘 가입하고 관리해야겠구나, 은행에서 대출을 받으려면 미리 적금 같은 것을 주거래 은행에 누적시켜 실적을 관리해야겠구나, 하는 식으로 미리 준비하자는 말이다. 돈 벌기도 힘든데 해야 할 것도 많아서 참 어려웠다. 많은 사람들이 문제가 생긴 뒤에 관심을 갖는 사항들이므로 미리 준비하면 당신의 이후는 훨씬 더 안정적일 것이다. 각 대출별 특성을 간단하게 이야기해 보겠다.

담보 대출

금리가 가장 낮은 담보 대출은 돈을 빌려줘야 하는 대출자에 대해 최소한의 믿을 구석이 있을 때 가능하다. 문제가 생기면 그 담보를 가져가면 되니까 현재 내 신용보다 더 높게 인정해 주는 것이다. 일반적인 신용대출보다 이자가 당연히 저렴하고 담보만 확실하다면 대출 승인도 잘 된다. 내 명의로 된 건물, 집, 땅이 있거나 전월세 보증금, 차량이나 배우자 명의의 재산도 담보로 인정받을 수 있으니 참고하자.

그런 게 있는데 왜 대출을 받느냐는 생각은 나도 해 보았다. 하지만 더 큰 그림을 그리기 위해 기회비용으로 대출을 활용할 수가 있다. 내 명의의 집이나 자산은 그렇다 치는데 전월세 보증금의 경우는 집주인의 동의가 필요하다. 나중에 돌려받을 보증금을 맡겨 둔 것이니까 당연하다고 주장하는 사람도 있지만, 집주인의 경우 보증금에 대한 질권을 설정해야 하고 불안하고 번거로운 일이기에 거절하는 경우도 많다.

이 방법 말고도 아파트론(무설정 아파트론)이라고 불리는 방식이 있는데, 이 방식은 집주인 동의가 없이도 진행할 수 있다. 대출 이름 그대로 아파트만 취급하는 대출이고 보증금도 최소한 5,000만 원 이상, 신용등급 6등급 이상이어야 한다는 조건이 있다. 빌라나 다른 형태의 주택은 아파트보다 집값 변동폭 예측이 어려워 대출이 안 된다. 캐피탈 3곳과 몇몇 대부업체에서 운영한다고 하는데? 느낌이 오는

가? 은행이 아닌 것이다. 집주인의 사인을 받아야 하는 번거로움을 해결해 주는 것이다. 이자는 당연히 더 높을 것이고 본인 신용에도 더 큰 영향을 준다. 그러니 불편하더라도 번거로운 방법을 선택하는 게 올바른 대출 자세라는 것을 꼭 기억하자!

담보 대출 시 자격요건은 보증금 담보 대출 명의가 본인이어야 한다. 전월세 임대차 계약서의 명의가 본인 명의가 아니면 이 대출은 진행될 수 없다. 실소유는 본인이지만 명의가 엄마 이름으로 되어 있다? 그럼 엄마가 대출을 받을 수 있다. 다른 사람 통장에 돈을 넣고 (차명계좌) 돈세탁에 사용될 수 있다는 위험, 그리고 자녀에게 증여/상속 등 세금 없이 돈을 넘겨주는 행위를 감시하기 위해 금융실명제도가 운영되고 있으니 모든 명의는 자신의 이름으로 하고 그에 대한 권리와 책임도 내가 갖는 것이 원칙이라는 점을 꼭 명심하자. 부모님이 계약해 주신 집에 살던 자녀가, 엄마 몰래 돈이 필요해서 집주인에게 보증금 일부를 받아서 사용하다가 문제도 생기고 했던 과거사들이 이제는 일어나지 않는다.

누군가의 도움을 받아 계약을 진행하는 경우 다음 사항도 주의하자. 부동산으로 직접 송금하여 계약은 성사될 수 있겠지만, 대출 시에는 계약 시 보증금 이체 내역도 내 명의 통장에서 발생되어야 인정된다. 또 대출 신청 시기도 중요한데, 임대차 계약 기간이 최소 6개월 이상 남아 있어야 한다. 기간이 너무 짧으면, 이 대출을 다른 용도로 사용할 수 있어서 대출해 준 사람은 돌려받기 어렵다는 위험성 때문에 대출 신청 시 부결사유가 된다. 그리고 거래 시 공인중개사를 통한 임대차계약서 원본이 있어야 하는데, 아는 사람끼리 가짜 거래를 방지하기 위해 공적인 자격을 가진 사람이 중재를 해 주도록 만든 것이다. 처음부터 이렇게 과정들이 번거로웠던 것은 아니다. 선배들이 약속을 깼기에 이후 후배들 신용까지 의심하며 금융회사들은 대비책을 견고히 할 수 밖에 없었던 것이다. 불평보다는 신뢰감이 중요하다는 사실을 자각하는 계기로 삼아보자.

보험약관 대출

담보 대출 다음은 보험사 신용대출의 이율이 저렴하다. 이것도 준비된 사람만 누리는 권리인데, 일반적으로 보험사는 금융사로 생각하지 않는 경우가 많다. 이번 기회에 인식을 바꾸고 지금부터라도 준비해 두는 게 좋지 않을까? 보험약관 대출에 가장 큰 혜택을 받은 사례는 부모님이 미리 가입해 주신 경우다. 보험은 납입한 돈이 쌓이는 게 아니다. 위험률을 계산해서 납입하는 돈의 극히 일부만 적립되는 구조이고 이를 보완하기 위해 복리로 더 많은 원상복귀 기회를 제공해 준다. 수수료를 초반에 많이 가져가는 대신, 계약 시 설정된 위험한 상황(사고, 사망 등) 발생 시 납입한 원금 총액보다 훨씬 많은 수천만 원에서 수억 원의 돈을 받을 수 있게 된다.

이 보험금에 대한 가슴 아픈 사례로, 한 달에 200만 원(매달 납입하는 보험료)씩 내고, 사망 시 10억 원(문제발생 시 수령하는 보험금)을 받는 보험에 가입한 의사 선생님의 이야기가 TV 광고에 나왔던 적이 있다. 200만 원 납부하며 계약서에 사인한 지 만 하루도 안 돼 급성 심근경색으로 사망한 사건이었다. 가족으로는 어린 자녀와 주부인 아내가 있었는데, 배우자의 사망으로 심적인 황망함도 컸지만 당장 자녀를 챙기며 먹고살 일이 막막했을 것이다. 그러나 200만 원을 납입했던 보험 덕분에 홀로 남은 아내는 10억 원을 받아서 남편을 기리며 자녀를 안정적으로 양육할 수 있었다는 내용이었다. 우리 입장에서는 당장 떼어가는 수수료가 너무 많지만, 회사 입장에서는 이 희박한 확률을 대비해야 하기 때문에 선취수수료라는 형태로 적립하는 것이라고 한다. 숫자로는 대박이라며 황당한 이야기를 하는 사람도 있지만, 이런 돈 없이 건강한 것이 더 큰 복 아닐까?

이런 어려움을 직·간접적으로 경험하면 보험에 많은 관심이 생기는데, 미리 자녀의 보험을 가입해 준 부모님 덕분에 학창시절 선취수수료는 대부분 해결했고, 이후 입금하는 금액은 대부분 적립되도록 시간에 투자해 준 경우가 가장 이상적이다. 자녀는 위험 시 부모님을 통해 가입된 보험에서 약관대출을 저렴하게 받거나 중도인출 등의 방법으로 급한 상황을 활용하고 이후 연금으로 전환하여 40대 후반부터는 조금이나마 연금을 수령하며 월 수입을 확보한 사례도 있었다. 대신 중간에 해지하면 사업비가 초기에 많아서 낸 돈을 돌려받지 못하니까, 가입 금액은 꼭 계획적으로 설정하여 유지가 가능한 보험에 가입하길 바란다.

부정적 선입견이 많은 보험 상품이라 설명이 길었다. 보험약관 대출은 최근 보험사신용 대출이라 불리는데 가입자에게 더 유리한 조건으로 신용 대출을 해 주니까 본인이 거래 중인 보험사를 찾아가면 된다. 다른 대출과 달리 대출 가능 연령이 만 26세 이상으로 제한된다는 점도 참고하자.

금융권 대출

금융권에서 주는 대출은 여러 종류로 구분할 수 있는데, 이를 나열해보면 다음과 같다.

① 1금융권 대출

② 2금융권 대출

③ 3금융권(사금융) 대출

④ 비금융권 대출

1금융권은 우리가 알고 있는 시중은행을 의미한다. 국민, 우리, 기업, 하나 은행 등을 비롯해 인터넷 전문은행인 카카오뱅크, 케이뱅크, 토스뱅크도 1금융에 해당된다. 이곳들은 금융사 중 대출이 가장 까다롭고 대신 이자율이 낮고 안정적이다. 직장인이면 고정적 수입이 있으니 대출이 그나마 쉽게 되는데 월급을 받는다고 모두 되는 건 아니다. 직장인으로 인정받는 몇 가지 조건이 있는데 참고해 보자.

우선 재직기간이 만 3개월 이상이어야 하고 그 인정은 4대보험 가입을 전제로 한다. 요즘은 드물지만 4대보험 가입 안 하고 월급 더 준다는 회사들도 있었는데, 그런 곳에서의 경력은 금융기관에서 평가를 달리하고 있다. 입사 시 교육기간을 두고 4대보험 가입이 늦는 경우도 보았는데, 그것도 4대보험 가입 시점부터를 경력으로 인정하는 것이니 참고하자. 최근엔 노동법이 강화되어 위 사례들은 극소수일 것이다. 대출에서 4대보험 가입 여부를 따지는 이유는 재직 확인과 소득증빙 때문인데, 4대보험 가입된 사업장은 직장건강보험 자격득

실과 납부영수증을 제출하면 내 소득증빙을 동의받은 곳에서 공식적으로 확인할 수 있기 때문에 4대보험 가입 직장의 근로자에게 대출 승인이 너그러운 것이다.

직장건강보험 납입 횟수도 3회 이상이어야 하고 회사급여 이체 등의 기록이 3회 이상 확인되어야 한다는 사항들도 있다. 이 내용들은 듣고 지나가면 된다. 어차피 대출을 알아보는 과정에서 더 상세히 안내받을 테니까.

창업해서 열심히 사업하는 C양의 사례를 보자. 그녀는 혼자 쇼핑몰을 운영하며 월급보다 훨씬 많은 소득을 낸다고 한다. 최근 사업 확장으로 대출을 알아보았는데, 명함과 사업자등록증은 있지만 재직 확인과 안정적인 소득증빙이 어려워서 본인의 6개월 평균 수입을 온전히 소득으로 인정해 주지 않았다고 한다.

사업자의 경우엔 대출 상환 중에 수입이 변화될 수 있어 안정적이지 않다고 판단한다. 반면 월급은 사업하는 이들보다 금액이 적더라도 수입이 일정하고, 재직 중인 회사가 본인을 한 번 더 증명해 주기 때문에 소득의 많고 적음을 떠나 월급을 받는 이들의 대출이 더 수월하다. 그래서 대기업의 재직자 같은 경우는 본인 신용등급보다 훨씬 좋은 조건으로 대출을 받을 수 있다.

결국 C양은 서민대출상품인 햇살론을 신청해서 급한 돈을 해결했다. 서민금융진흥원이라는 곳에서 보증심사를 해줘서 대출이 가능할 수 있었다고 한다. 햇살론은 저축은행과 농협, 수협, 신협 등에서 승인해 주며 회사에 유선 연락을 해서 자격요건을 하는 등의 절차가 있다. 잊지 말자, 까다로운 게 정상적인 대출이며, 평소 급여통장을 잘 관리해야 나중 변수에 대응할 힘이 생긴다는 사실을!

돌이켜 보면 내가 대출을 받았던 이유는, 정말 갖고 싶은 것을 구입하고 싶은 내 욕심 때문이거나 대비되지 않은 상황에서 나간 갑작스러운 지출 때문이었다. 이것들은 대부분 미리 고민할 수 있던 것들이었다. 일단 비상금통장 개설로 3개월 치 위험을 대비해 두어 마음의 안정감을 가지고, 구입하고 싶은 것은 미리 구입 계획을 세워 적금으로 구입했다면 남들보다 높은 신용등급에 삶도 안정적으로 되었을 것이라는 아쉬움이 남는다. 휴가 시즌마다 그동안의 피로를 푼다며 할부를 쌓아가고, 휴가 복귀 후 카드빚 때문에 회사를 그만둘 수 없는 그 상황을 이제는 반복하지 말자. 이사를 하거나 차량을 구입할 때는 최소한의 생활이 되고, 비상시 대응할 수 있는 1~2개월분의 월급 정도는 비상자금으로 비축한 후 계획적으로 실행해야 할 것이다. 계획적으로 접근해도 변수는 수없이 많다. 하물며 계획조차 없다면 감당할 수 없는 상황까지도 끌려갈 수 있음을 명심해야 한다.

대출금을 갚는 방법을 선택할 수 있는데 그것을 상환 방법이라고 한다.
3가지가 있는데 그 우선순위는 다음과 같다.

1) 원리금 균등상환 = 일반적
2) 원금 균등상환 = 현실적 부담 크다
3) 원금만기 일시상환 = 최악

파산과 워크아웃

가족에게 대출을 물려받거나 사기 등의 피해로 연봉으로도 감당하지 못할 정도의 피해를 보았다면, 그것은 법적인 제도를 활용하여 해결하는 것이 효과적이다. 사고 등으로 더 이상 사회활동이 불가한 상황이 아니라면, 파산이 아닌 워크아웃 제도를 활용해 사회활동이 가능한 신용은 가져가며 현실적인 빚도 해결하는 방법을 찾기 바란다.

워크아웃 제도는 채무(빚)의 이자율을 인하하고 갚는 기간(상환 기간)을 연장하여 월급으로 해결할 수 있도록 현실적인 방안을 찾아 주는 것이다. 당장의 빚을 해결하고 나중에 갚아나가 겠다며 쉬운 대출로 일단 그 빚을 정리하는 경우가 많은데, 그렇게 하면 신용이 떨어져 이후에 또 다른 어려움이 생길 때 감당하지 못할 상황까지 연결될 수 있다.

개인, 프리워크아웃과 개인파산 및 회생 등으로 구분된다. 자세한 부분은 신용회복위원회로 문의하면 된다. 워크아웃 등의 키워드로 검색하면 행정을 대행해 주는 곳들의 광고가 많다. 내가 사회생활을 하면서 제도를 활용한다면 그 수수료는 충분히 가치 있는 역할을 해 줄 것이다. 직접 신용회복위원회를 방문하여 서류를 처리하면 요구받는 서류의 양이 직장생활을 하면서 준비하기엔 무리가 있기 때문이다. 안정감을 가지고 일상이 깨지지 않아야 문제도 해결할 수 있다는 점을 꼭 기억하자!

* 신용회복위원회: https://www.ccrs.or.kr/debt/ individualworkout/info.do

사회인에게 신용점수는 곧 돈이다

그래서 뭣이 중한디?

당신에게 1,000만 원의 여유자금이 있다면 다음 중 어떤 선택을 할 것인가?

① 5% 이상의 수익이 나온다는 정보에 투자한다.
② 3% 금리의 대출을 먼저 갚는다.

당신에게는 어떤 선택이 정답인가? 3%의 대출로 5% 수익을 가질 수 있다면 대출이 있어도 2% 이익을 가질 수 있는 것이기에 당연히 1번 선택자가 다수이지만, 2번을 선택하는 의외의 분들도 분명히 존재한다. 심적으로 대출이라는 무게를 견디기 힘들어하기 때문인데, 본인의 선택에 따라 결과도 본인이 감당하는 것이기에 그들이 틀렸다고는 말할 수 없다. 조금의 수익보다 마음의 편안함을 추구하여 더 나은 멘탈로 본업에 충실할 수 있다면, 이 또한 현명한 선택일 수 있다. 중요한 것은 생각 없이 선택하는 것이 아닌 내가 무엇에 우선순위를 두는지 이해하고 납득할 수 있는 이유로 선택해야 한다는 것이다.

대출을 관리하는 데 가장 중요한 것이 이 우선순위이다. 선택이 필요한 상황에서 무언가를 포기해야 다른 것을 얻게 되는데, 어떤 부류는 누군가가 선택해 주기를 기다리며 자신은 한 걸음 멀리서 바라보는 경우도 존재한다. 결국 그들은 본인이 원하는 결과가 나오지 않으면 도와준 이를 원망하기도 한다. 참 당혹스럽고, 이런 이들은 소통을 피하고 싶다.

빚이라는 요소가 나에게 어떤 불편함을 주는지 우리는 정리할 필요가 있다. 끝없는 독촉 전화로 업무를 볼 수 없는 경우에 처한 분들도 있고, 아직 시일이 오기도 전부터 달라고 재촉하며 쫓아다니는 이들에게 시달림을 당하는 경우도 있다. 우는 아이에게 먼저 젖을 물리

듯 이런 곳의 대출부터 먼저 갚을 수밖에 없는데, 감정 때문에 다른 선택을 하면 피해는 결국 내가 받게 된다. 심각한 대출 독촉에 자살까지 선택하는 사회적 사건들이 꽤 많이 발생했기에, 이제는 그들이 법적으로 활동을 제한받으니 내가 세운 우선순위에 따라 대출을 순서대로 정리할 수 있게 되었다. 그렇다면 무엇이 먼저이고 무엇이 나중일까?

일단 대출을 받는 한도액부터 고민해야 한다. 급여소득자는 연봉의 최대 2배까지 개인의 신용등급, 소득 등을 판단해 결정하고, 개인사업자 신용대출은 연소득의 305%까지 설정된다. 대출액이 전부가 아니고 그에 따른 이자와 생활하면서 발생하는 변수대응 자금까지 계산해 보면 한도를 최대까지 쓰는 것은 그리 현명한 방법은 아닐 것이다. 금융기관에서 지정된 위 한도액이 아니라 내가 내 분야에 집중하는 데 방해받지 않는 선을 정해 두어야 그 빚을 갚아나갈 에너지를 이어갈 수 있다. 매월 상환하는 금액을 줄이기 위해 상환 기간을 늘리는 선택을 하기도 한다. 5년에서 10년으로 상환 기간을 늘리면 갚는 돈을 절반으로 줄일 수 있다? 아니다. 이자가 늘어나서 총 갚아야 하는 금액은 더 늘어난다.

어떤 중년 가장이 있다. 그가 몸담고 있는 곳은 일정 기간까지 임원이 되지 못하면 50대 초반에 회사에서 밀려나야 하는 치열한 분야였다. 당장의 여유를 위해 대출 상환 기간을 늘려 놓았는데 임원 진급에 실패했고, 결국 퇴직 후 아르바이트를 전전하는 등 그 빚을 갚기 위해 고통스러운 나날을 보내야 했다.

나의 상황에 맞는 대출 규모를 찾아야지 대출이 가능하다고 모두 받아 쓰면 나의 미래가 고통스럽다. 대출 상담사들은 대출액이 높고 갚는 기간이 길수록 수당이 많아지기에 강력하게 추천하지만, 우리가 그들 수당을 위해 그 옵션을 선택할 이유는 없다.

일반적으로 대출이 해결되어야 하는 순서는 대출 금액이 많은 것이 첫 번째고, 그 다음은 대출 이자가 커서 더 부담되는 것, 마지막은 대출받은 시기가 오래된 것에 따라 정하면 된다. 결정하는 기준은 당장 대출 상환 금액을 줄이기 위해 이자율이 높은 것부터 상환하는 방법과, 신용등급 상승을 염두에 두고 선택하는 방법이 있다. 대출 개수를 줄이는 것도 신용평가에 중요한 요소이기에 채무통합이라는 상담도 활용하면 좋을 듯하다. 대출 상담사들도 평가기관과 금융기관별 기준이 다르다며 정답을 알려주지 않기에 대출을 해결하는 우선순위는 결국 내가 선택하고 그 결과도 책임져야 한다. 그만큼 무거운 것이기에 두려움이 더 커지는 듯하다.

첫 대출이 고민이 많고, 추가 대출은 생각보다 쉽게 기회가 만들어지기에 반드시 생각의 기준을 가져야 빚의 구렁텅이에 빠지지 않고 대출을 자산으로 활용할 수 있을 것이다. 보유한 대출을 위 3가지 기준에 따라 ①대출액이 많은 것, ②이자가 커서 더 부담되는 것, ③대출 시기가 오래된 것으로 구분하여 적어 본 뒤 심리적 안정감(본업에 집중하기 용이함)에 가장 도움이 될 만한 것을 선택하면 된다. 지금 납입하는 총액을 줄여 부담을 줄이는 데 우선순위를 두거나, 신용등급에 영향을 주는 것을 고려해 추후 이자율을 낮추는 데 도움을 주는 것을 선택할 수 있다.

신용은 수입 대비 대출 규모와 대출 개수, 대출기관이 제1금융인지 제2금융인지와 연체 여부 등으로 판단된다. 일단 연체가 되지 않도록 입금일자와 비교해서 상환일자를 조정해 두어야 한다. 월급날로 상환일을 설정하였는데 월급이 늦게 들어와서 연체가 발생하는 경우도 생기기 때문이다.

필자의 경우 임금이 20% 이상 상승할 이슈가 있었기에 대출 개수와 신용카드 개수를 먼저 줄인 뒤 금리인하요구권을 요청해서 납입하는 금액을 줄이기도 하였다. 최근 국민의 대출상황이 심각해져서 고금리 해결을 위해 다양한 제도가 만들어졌다. 이를 활용하여 현재 납입하는 금액을 줄여 저축액을 확보하면 좋을 듯하다(검색키워드: 고금리, 저금리 대환대출, 채무통합 등).

대출은 나의 파트너

돈에 대한 생각은 돈을 벌면서 한 번, 대출이 생기면서 또 한 번 달라지는 것 같다. 어려운 상황에 처하면 돈이 무엇인지 나름 재정의를 하게 되는데, 그에 따라 돈을 대하는 태도도 달라지고 내 통장 잔고도 큰 영향을 받는 것 같다. "돈에도 인격이 있다."라고 이야기했던 어떤 회장님이 있었는데, 그 이야기가 내 생각에 큰 변화를 주었다. 내 주변에 좋은 생각을 하는 사람이 있어야 나도 긍정적인 영향을 받게 되는 법이다. 대출이 생기고 어려움이 생기면 만나는 사람의 색깔이 또 달라지는데, 주변에 좋은 사람을 두기 위해 나 먼저 좋은 생각을 하는 것이 매우 중요하다. 돈이 목표였던 그 당시 내가 영향을 받았던 구체적인 이야기는 다음과 같다.

"돈은 단지 지불하는 수단이고 돈이 나쁜 것이 아니다. 돈이 우상시 되어서도 안 되지만 나쁘다고 꺼릴 대상도 아니다. 그냥 우리 곁에서 어떤 역할을 하는 것인데, 돈은 내게 기회를 주고 내가 할 수 없는 것, 갈 수 없는 곳에 데려다주는 기회 제공자이자 내가 함께해야 할 내 파트너이다."

돈은 내가 원하는 것을 할 수 있게 기회의 문을 열어 주는 열쇠가 되기도 하고, 어디든 함께 걸어가 주는 친구가 될 수도 있다. 자신의 지갑 속에 깔끔하게 들어 있는 회장님의 돈과 내 주머니 속에 꾸깃꾸깃 접혀 있는 돈을 확인하며 나는 많은 생각을 하게 되었다. "돈은 친구다. 지갑의 돈을 확인한다는 건 친구와 손을 잡는다는 친근함을 표현하는 나름의 의미다. 그 친구와 어떻게 내 목표를 함께 달성해 가는지 기대되지 않는가?"라는 이야기도 들었는데, 이것이 돈에 대한 내 생각을 바꾸는 데 직접적인 영향을 준 것 같다.

빚은 나에게 고통을 주는 존재가 아니라 기회를 주는 존재이다. 지금 이미 그 빚에 눌려 있는 분이라면 공감하기 어렵겠지만, 나의 파트너가 내게 이야기해 준 빚에 대한 정의는 이러했다. "네가 스트레스받는 그 빚은, 당장 너무 힘드니까 미래의 너에게 빌려 온 거잖아. 그걸 갚는 건 당연한 건데 왜 스트레스를 받아. 갚을 수 있는 힘이 있는 게 감사하지 않아? 더 미래의 네가 힘들어지지 않도록 지금네가 힘을 보태 주는 건데 왜 마음을 불편하게 만들어!"

그 대출 덕에 과거의 나는 큰 고비를 넘길 수 있었다. 계속 힘들까 봐 두려웠지만 지금은 그것을 갚을 수 있는 힘이 아직 있고, 나의 미래는 과거보다 계속 나아지고 있다. 더 높은 곳을 바라보며 함께 힘을 내보면 좋을 것 같다.

신용은 당신을 평가하는 기준이다

대출을 상환하는 것과 동시에 진행되어야 하는 것이 있는데, 바로 '신용관리'다. 주머니 속 돈만 관리하는 것이 아니라 신용이라는 친구를 함께 관리해야 하는데, 삶이 어려우면 이 친구를 등한시하여 정말 힘든 시기에는 그의 도움을 받지 못한다. 한번 잃은 신용을 개선시키기 위해서는 몇 배의 노력이 필요하고, 처음의 상태까지는 결코 개선되지 않을 위험성이 있다. TV 프로그램 중에 연예인들이 지인에게 얼마까지 빌릴 수 있는지 테스트하는 내용이 있었는데, 여기서 평

신용도 자산이다

사람 사이의 신용처럼 은행에서도 신용을 점수화하고 있다

상시 자신의 행동이 상대에게 반영되어 금액을 결정하는 요소로 작용하는 것을 볼 수 있었다. 평상시 시간 약속과 상대를 대하는 태도와 말투 등 돈과 상관없는 요소까지 나의 신용을 평가하는 데 반영되고 있었다. 앞서 이야기한 나의 가치관이 잘 형성되고 표현되어야 나를 돕는 사람들이 늘어난다. 우리는 결코 혼자 살아갈 수 없다. 보이지 않는 부분까지 관리해야 하는 게 가장 어려운 일인 듯하다.

좋은 습관을 만들어서 상대의 마음을 얻어보자. 부득이하게 돈을 빌려야 했다면 갚아야 하는 날짜보다 하루라도 먼저 돌려주고, 쓸 돈 쓰고 남는 것으로 갚으려 하지 말고 하루라도 빨리 해결해 보면 어떨까? 매일 용돈을 정해 두고 덜 쓴 만큼 꾸준히 저축해서 목돈을 만드는 방법처럼 지속할 수 있는 방법을 찾아보자.

갚아야 하는 날짜를 알리는 시간 알람도 사용해 보자. 은행 시간은 4시, 일과 시간은 6시. 그날 자정까지 갚는 것이 아니라 그 시간 내에 갚을 수 있도록 배려해 보자. 잊으면 큰일 난다고 큰 글씨로 메모해 놓고 약속은 철저히 지키려고 노력하자. 하루라도 늦으면 나의 신용친구들은 서로에게 소문을 내고 모두가 나에게 등을 돌리니까 이것을 두려워해야 한다. 이해해 주겠지?

아니! 그것은 아주 개인적인 생각이다. 이 친구들은 1분도 이해해 주지 않는 **빡빡한** 친구라고 인지하고 힘들 때 도움이 되어 줄 신용을 힘들게 관리해 보자. 어려울 때 나를 지켜 줄 그 친구를 관리하기 위해 우리는 갚아야 할 날짜를 현실적으로 정하고 여윳돈을 모아 추가로 상환하며 날짜를 줄여나가자. 그만큼 고생해서 사귄 신용 친구는 내가 가장 힘들 때 큰 힘이 되어 줄 것이다. 금융회사뿐 아니라 평상시 내 지인들 사이에 신뢰감을 얻을 수 있도록 꼭 모니터링해 보고 개선시킬 수 있도록 꾸준히 노력해 보자.

04장

구경도 하지 말아야 할 '최악의 대출'

쉬운 대출은 위험한 대출이다

집에서 급하게 연락이 왔다. 급히 사용할 100만 원을 얼른 보내 달라는 메시지였다. 매번 카드를 사용하고 월급날 자동이체로 통장 은 늘 텅장! 따로 가지고 있는 비상금도 없고, 그나마 쥐고 있던 돈 은 모두 적금통장에 넣었는데 해약은 아쉽고……. 은행에서 카드 하 나하나를 넣어가며 방법을 찾던 중 현금인출기기ATM에서 현금서비 스를 받을 수 있다는 사실을 확인할 수 있었다. 넣어 둔 돈이 없을 텐데 100만 원은 뺄 수 있다는 안내가 나온다. 급할 때 이렇게 빌려서 사용할 수 있다니 내가 그동안 신용관리를 잘해 놓긴 했다는 생각도 들고 뿌듯했다. 이자는 당연히 나오겠지? 급하니까 그 정도는 감수해야지.

카드 현금서비스에서 문제는 이자가 아니다. 이것이 대출이라는 것이 문제인 것이다. 당장 갚아야 할 돈을 다음 달로 이월시키는 리볼빙 서비스도 그렇고, 사용한 금액 중 할부를 사용하는 비율 또한 나의 신용평가에 반영되고 있었다.

신용관리와 대출 사이에서 많은 사람들이 몰라서 하는 가장 큰 실수 중 하나는 신용카드의 현금서비스에 대한 것이다. '쉬운 것은 위험하다!' 일단 이 부분을 기억해야만 한다. 넣어 둔 돈을 인출하는 것, 선결제하는 것과는 또 다른 것이 바로 현금서비스라는 것인데, 그 이유는 서비스를 내주는 곳이 은행이 아니기 때문이다.

손쉬운 방법은 대부분 좋은 방법이 아니다. 은행에서는 내 돈을 찾는 것도 여러 단계를 거쳐 본인 확인을 하고 어렵게 내준다. 현금서비스는 은행에서 할 수 있는 카드서비스다. 제1금융이 아니라 캐피탈, 즉 제2금융권 상품을 사용하는 것이기에 내 신용을 확 잡아먹는 손을 대지 말아야 할 금기사항이다. 급하니까, 또는 몰라서 손을 대는 이 서비스는 비밀번호만 입력하면 돈을 받을 수 있는 매우 쉬운 서비스다. 어렵게 올려놓은 신용을 몰랐다는 이유로 망칠 수 있다. 정말 급할 때는 활용하기 좋다고 생각해서 별생각 없이 쓸 수 있는데, 생각보다 신용이 많이 떨어진다는 사실을 기억해야 한다. 은행 직원분도 이 서비스는 절대 추천하지 않으니 꼭 명심하자.

대출도 순서가 있다. 시내의 큰 길가에 위치한 큰 은행들. '제1금융'이라 불리는 은행에서 1차 거래 시도 후 옆 골목에 있는 신협, 새마을금고 등을 살펴보고, 그래도 어렵다면 뒷골목으로 한 단계씩 내려오는 것이다. '빨리 갚으면 괜찮겠지'라는 생각에 쉬운 방법을 택한다면 신용도, 나의 사회생활도 큰 위기에 빠질 수 있다.

지인 중 '분명 나는 제1금융권만 쓰는데 왜 신용이 이렇지' 하는 분이 계셨다. 이런 경우는 대부분 현금서비스로 카드 돌려막기가 원인일 때가 많다. 카드 할부가 쌓였을 때 쉽고 편하게 손댈 수 있는 카드 돌려막기 서비스. 하지만 누적되면 한도가 깎이고 신용은 떨어진다. 자연스레 내가 받을 수 있는 혜택의 범주도 크게 줄어든다. 애초에 버릇이 되면 안 된다.

모든 서비스 하나하나를 이렇게 짚어 주면 좋겠지만 그것은 현실적으로 어려우니 원칙을 다시 한 번 강조해 본다. '쉬운 방법은 위험하다!'

사기를 당해 가족 모두가 어려움을 겪던 시절, 아버지와 어머니는 빚을 갚으며 생활비까지 마련하기에는 수입이 부족했고, 여러 개의 카드를 사용해서 카드 돌려막기로 생활을 이어가야 했다. 각각의 카드 결제일자를 순차적으로 계산해서 처음 카드 결제일(1일)이 다가오면 다음 결제일자(10일)에 대기 중인 카드에서 현금서비스를 받아 월급 일부와 함께 1차 빚을 갚는다. 다음 결제일자(10일)가 다가오면 다음 순서 카드(20일)에서 현금서비스를 받아 월급으로 이자 정도만 추가로 입금한다. 그렇게 급한 불을 끄는 형태로 한달 한달을 버텨냈다.

그러던 중 한 카드회사에서 한도가 줄었다고 하면서 현금서비스 금액이 줄어들었고 연달아서 다음, 다다음 카드들이 모두 연체가 되어 결국 아무것도 할 수 없게 되었다. 그동안 신용이 계속 떨어져서 카드 사용 한도액이 줄어든 것이고, 갚아나가는 것이 아닌 이자가 쌓여서 빚만 계속 늘어나는 형태가 되었던 것이다.

'언 발에 오줌 누기'라는 속담처럼, 당장의 문제 해결을 위해 그 다음의 더 큰 어려움을 생각하지 못하는 어쩔 수 없는 선택이었다. 이 방법은 대중화되어 많은 이들이 IMF 때 활용했고, 어려움을 급하게 해결하는 듯했으나, 얼마 안 있어 금융회사들은 더 큰 위험 요소들을 줄이기 위해 할 수 있는 방법들을 하나씩 막아가기 시작했다.

결국 급한 사람들은 더 이자가 높고 위험한 돈을 빌리기 시작했고, 고금리 이자를 갚지 못해 신체포기각서를 쓰는 등의 심각한 사회문제가 터졌던 것이다. 심지어 30%의 대출 이자도 있었다. 그런 어려움

때문에 자살을 선택하는 이들이 생겨나 사회적 문제로 대두되었다. 현재는 최고 금리가 19.9%로 줄어들었지만, 생활은 계속 어려워만 진다.

손쉬운 방법들은 다음을 도모할 기회까지 빼앗는다. 우리는 불편하지만 정도를 걸으며 바른 방법으로 문제를 해결해야만 한다.

결국 추가소득을 만들고 소득이 늘어나야 문제는 해결된다. 단번에 해결되는 것이 아니라 문제가 생긴 과정의 2배, 3배 이상의 시간을 들여야 천천히 문제가 해결될 수 있다. 우리 가족의 문제가 해결된 것은 2가지 방법 덕분인데, 하나는 심하게 더 많이 일을 해서 수입을 늘렸다는 것이고 또 하나는 가족의 심각한 경제상황을 고려해서 함께 해결할 방법을 모색했다는 것이다.

국가 제도를 현명하게 사용하라

혼자 짊어지겠다는 생각으로 손쓸 수 없는 상황까지 끌고 가면 남은 가족 모두가 더 힘들어질 수 있다. 심각한 상황은 상담을 요청하고 도움을 받은 뒤 나중에 갚아나가는 것이 최선이다. 말하기 어렵고 말해도 들어 주는 이 하나 없다는 상실감은 사람에 대한 신뢰를 무너

뜨릴 수 있지만, 그래도 해야 한다. 정부의 다양한 제도를 활용하거나 주변의 지인들 도움을 받아서 문제를 해결할 수도 있다.

파산, 회생, 워크아웃, 프리워크아웃 등 정부는 다양하게 빚 해결 방식을 제공한다. 이 제도를 모르고 이미 많이 갚았기에 아까워서 끝까지 대출을 갚을 수 있지만, 이는 매우 고통스러운 과정이 요구된다. 제도를 현명하게 사용해야 그 이후를 도모할 수 있다. 혼자가 아니라 도움을 요청하되 지인의 돈으로 빚을 갚는 방법은 절대 피해야 한다. 다 같이 무너지고 말 것이다. 지인의 도움은 생계를 이을 수 있는 목적으로만 사용하고 한 번에 갚을 수 있는 도움이 아니라면 절대 친척, 지인의 돈을 그 어려움에 넣지 말아야 한다. 함께 무너지는 매우 위험한 방법이기 때문이다.

이런 상황에 가장 눈에 띄는 것은 바닥에 떨어져 있는 명함 속 전화번호일지 모른다. '급전 빌려드립니다.' 은행처럼 많은 서류를 요구하며 대출 가능 여부를 평가하지 않는다. 매우 쉽게 대출이 진행된다. 그리고 감당 못 할 이자를 요구하며 회사에 빚쟁이들이 들이닥쳐 직장생활을 할 수 없는 상황에 이른다. 쉬운 방법을 선택한 이들의 마지막은 매우 위험하다. 평소에 신용관리가 필요하고 위험한 상황을 예측해서 미리 대비하는 것이 중요하다.

대출은 이자율이 최소화된 곳을 선택하는 것이 옳다. 그러나 큰 차이가 없다면, 나의 주거래 은행을 우선적으로 선택하여 대출을 알아보는 것이 나중에 더 도움이 될 수 있다. 은행별 이벤트도 활용하면 더 좋은 조건으로 대출을 받을 수 있지만, 단골이 좋은 거라고, 주거래 은행을 정해 두고 활용하자. 그곳에 나의 자산, 투자, 대출이 모두 모여 있다면 총체적인 관리도 되고 나중에 우대조건도 제안받아 큰돈이 필요할 때 도움을 얻을 수 있다. 더 좋은 이율의 대출이 가능하다는 사실을 참고하자.

목적 없이 모은 돈은
허무하게 사라진다

오늘만 사는 사람과
미래를 준비하는 사람

해야 하는 것들을 구체적으로 적어 두는 습관

　예전에 유행하던 긍정의 힘과 버킷리스트 도전. 목표를 구체화하고 가시화함으로써 달성 확률을 높일 수 있다는 것에 많은 이들이 동참했었다. 당시 대학생이었던 나 또한 그 리스트를 적어 본 적이 있었는데, 지금 그 내용을 다시 보니 순진했던 자신이 보여 웃음이 나왔다. 제주도 여행이나 먹고 싶은 것, 아이패드, 고가의 헤드폰 등 적어 둔 목표엔 당시의 변덕스러운 취향들만 가득했고 미래의 내가 개선될 만한 목표들은 하나도 보이지 않았다. 월급을 타고 신용카드 사용이 가능해지니 이런 내용들은 사회생활 시작 후 1년 이내에 이룰 수 있었던 소박한 꿈들이었다(물론 저축은 염두해 두지 않은 지출이었다). 하나 하나 할 수 있는 것들이 많아진다는 사실에 뿌듯해하면서, 이후의 목표 리스트 난이도는 점점 더 높아졌다.

몇 달 치 월급을 모두 사용해도 할 수 없는 해외여행, 차량 구입, 평생 벌어도 가능할까 싶은 주택 구입 등 하고 싶은 것들은 점점 더 많아지는데 월급은 제한되어 있다. 달성할 수 있는 전략을 만들어서 장기적으로 관리하는 지혜와 이를 구체화하는 게 필요했다. 하고 싶은 것들이 구체화되면 할 수 있는 것들을 모니터링해서 부족한 부분을 가시화시키는 과정이 필요하다. 멘토 선배는 이것을 하, 할, 해(하고 싶은 것, 할 수 있는 것, 해야 하는 것)라는 단어로 정리하며 To Do List를 만들었다. 우리도 하고 싶은 것만 적고 간절히 바라는 것이 아니라 해야 하는 것을 구체적으로 적어 두는 습관이 필요하다.

하고 싶은 것 - 할 수 있는 것 = 해야 하는 것!

하고 싶은 것에서 할 수 있는 것을 빼면 무엇을 해야 하는지가 보이는데, 부족한 이 부분을 실천해야 목표한 것을 이룰 수 있다. 그것을 인정해야 한다. 그것을 달성하는 정도가 간절한 정도가 된다. 목표를 달성하기 위해 지금의 편안함을 얼마만큼 포기했는지 보면 나의 미래 또한 얼마나 밝아질지 예측할 수도 있다.

원하는 것을 얻기 위해서는 대가가 필요하다. 시간이 갈수록 경력이 쌓이고 나의 월급도 오르겠지만, 그만큼 목표한 것의 비용이 커지고 물가 또한 상승할 수 있다. 따라서 목표 설정과 함께 달성 가능한 전략을 수립하고, 천천히 쌓아 올린 재테크 습관을 유지하는 것이 매우 중요하다.

재테크 습관은 어떻게 유지할까?

눈앞에 세 그루의 사과나무가 있다고 가정하자. 첫 번째 나무는 키가 작고 열매가 적다. 두 번째 나무는 키가 중간이고 열매도 평균적으로 열린다. 세 번째 나무는 키가 크고 수많은 열매가 달린다. 지금의 나는 첫 번째 나무의 사과 열매를 까치발로 딸 수 있는 키를 가졌다. 매일 상자가 3개씩 배달된다고 가정할 때, 당장 편하자고 그 상자를 첫 번째 열매를 따는 데 사용하면 나중은 어떻게 될까? 시간이 지나 당장 먹을 수 있는 사과를 모두 따먹는다면, 이후에 배가 고플 때 큰 나무 위 열매를 바라만 보며 디딤판이 될 상자가 추가로 배달

당신은 어떤 나무의 사과를 따고 싶나요?

되기만 기다려야 할 것이다.

하지만 지금 잠시 참아내며 큰 나무 밑에 3개의 상자를 미리 가져다 놓는다면, 나중에 더 높은 곳에 서서 열매를 가져갈 수 있을 것이다. 지금 눈앞의 상자를 나의 편안함에 사용하지 않고, 미래의 나에게 옮겨 놓고 기다리는 지혜가 우리에게는 필요하다. 나중에 현실이 될 나의 미래를 단기, 중기, 장기로 구분해서 미래의 허기짐을 미리 대비할 수 있도록 준비해 보자.

시간이 가면 나의 키와 능력이 크겠지만 나무 또한 성장해서 지금 매달린 열매는 더 높은 곳으로 이동할 것이다. 이는 시간이 지나면서 나의 경력과 연봉이 높아지겠지만 물가상승률의 폭이 커지고 가족 구성원도 생기면서 궁극적으로 사용해야 할 금액이 더 많아질 거라는 이야기다. 사람은 눈앞에 주어진 것만으로는 만족하는 삶을 살 수 없는 것 같다. 우리는 더 높은 곳의 열매를 탐낸다. 주변의 누군가가 그것을 가졌다면 나의 필요와 상관없이 나 또한 그것을 갖기 원하며 가지려는 시도를 반복한다.

무조건 참지 말고 지금의 나를 위해 살자는 욜로족이 한참 유행했던 적이 있었고, 이것을 실천하는 이들도 주변에서 어렵지 않게 찾아볼 수 있었다. 참아내야 하는 것은 다른 사람을 위한 것이 아닌 미래의 나를 위해 준비되어야만 하는 것이기에 현재만 바라보자는 주장은 매우 위험하다.

이를 위해 우리는 지출 비율을 조정해 보자. 3:3:3:1(단기 30%, 중기 30%, 장기 30%, 위험대비 10%)로 설정하고 시기에 따라 일정 비율을 투자하라는 이론이 그러하다. 이 비율에 공감되는 부분이 많지만, 내가 공부해 온 서적과 교육들에서는 사용자(돈 관리 초보자)가 지속 가능한 '나다운 저축 비율'은 설명해 주지 않았다. 걱정해야 할 부채나 카드 할부 없이 일정 소득 이상을 버는 이들에게는 바로 적용할 수 있지만, 빚부터 갚고 월세까지 내야 하는 이들에겐 적용할 수 있는 현실적인 비율이 아니었다. 우리는 3:3:3:1 비율에 앞서, 당장 얼마로 살 수 있는지 현실을 파악해 보는 '현실과 이해의 충돌구간'이 필요하다.

일단 저 비율이 납득이 되고 전문가답게 보여서 바로 시도해 보았지만, 어설프게 시도하다 포기하며 자괴감을 반복하는 부작용을 수

차례 경험했다. 그보다는 나에게 적합하며 지속 가능한 방법을 찾는 것이 매우 중요하다. 월급에서 이 비율을 바로 적용하는 것이 아니라, 이미 지출되고 있는 학자금 대출, 가족의 부채 등 개인별 고정지출과 생존을 위해 필요한 지출들을 고려한 이후의 차액으로 중기, 장기 비율을 맞추어 이 비율을 적용하는 것이 옳은 방법이다. 일단 우리들은 초보니까, 금융기관들을 은행, 증권, 보험사로 구별하여 기간별(단기, 중기, 장기)로 적용할 만한 포인트를 이해한 뒤 이어지는 장에서 자신에게 적용을 이어가도록 하자.

단기(1~3년) 추천 금융사: 은행

은행은 매일 고객의 현금이 드나들기 때문에 우리의 잦은 변심에도 대응할 수 있는 현금보유력이 가장 좋은 곳으로, 기업에 대출을 해 주고 받은 이자수익으로 우리에게도 이자를 보태 준다. 고객의 가장 가까운 곳에 다수 존재하여 접근성이 좋고, 고객의 니즈에 일일이 대응해 주기에 우리가 이곳에서 기대할 수 있는 이자는 매우 미약한 수준이다.

하지만 돈을 관리하기 시작한 초보에게 1년 적금을 유지해서 적금 만기를 달성하는 것은 현실적으로 매우 어렵다. 우리의 1~3년은 다

양한 변수가 존재하기 때문에 중도해약 가능성이 높지만 원금만큼은
보장해 주는 이곳에서 훈련을 쌓을 필요가 있다. 최근엔 카카오뱅크
나 토스뱅크, 케이뱅크라는 인터넷은행이 만들어져서, 하루만 넣어
두어도 이자가 생기는 것과 달리, 본래 은행은 1년에 1, 2회 정도 1원
~10원 단위의 미미한 금액만큼 형식적인 이자만 발생된다고 보는 게
현실적이다. 중도 해지 시 약속했던 이자는 거의 받지 못하고 원금만
돌려받는다고 생각하고 지출을 계획하는 게 마음이 편하다. 이자 욕
심보다 매월 적금을 실천하는 연습을 하고 중간 변수에 실패해도 원
금을 확실히 지킬 수 있는 방법, 1~3년 단기의 목표 기간을 정확히 예
상할 수 있는 저축 방법으로 은행 적금을 추천한다.

이것만은 알고 가자!

적금과 예금

- 저축하면서 알게 된 과정을 공유해 본다. 심부름을 하고 받게
된 용돈을 자꾸 집 앞 슈퍼의 사탕과 교환하는 것을 본 엄마
는 ①저금통을 사 주셨다. 일단 돈이 생기면 무조건 그곳에 넣
으라고 배웠다. 그리고 그 저금통이 묵직해졌을 때, 엄마의 손
을 잡고 은행을 방문해서 통장을 만들었다. ②'자유입출금통
장'이라는 것을 만든 뒤에는 1,000원 단위가 되면 은행에 가
서 줄을 서고 저축을 하고 칭찬을 받았다. 그 돈이 어느 정도
모이고 나서는 ③적금에 가입했는데, 모아 둔 자유입출금통

장에서 매월 20일에 10만 원씩 이체되도록 설정하며 목돈 만들기를 도전했다. 그렇게 몇 년이 지나 적금 만기가 되어 500만 원이라는 목돈이 생겼을 때, 그 돈을 넣어둔 곳이 ④예금이었다. 예금은 앞서 저축했던 것과는 다르게 넣어 두고 기다리면 된다고 했다. 뽀로로가 굴린 눈처럼 자기 혼자 조금씩 커진다고.

- 적금은 돈을 쌓아서 목돈을 만드는 것이고, 예금은 쌓인 돈을 은행에 빌려주어 일정 기간이 지난 뒤 이자까지 얹어서 받는 것이다. 서로 운영되는 방법과 이자가 달랐기에 적금으로 일정 금액을 모으게 되면 예금으로 옮겨서 저축하며 2개의 통장에 저축을 하였다. 눈치챘을 수도 있지만 적금과 예금 둘 다 꾸준한 저축 습관이 필요하다. 자신에게 적절한 금액이 어느 정도인지 파악하고 저축 습관을 가질 수 있도록 노력하자. 그 예금이 더 커지면 종잣돈으로 활용해 또 다른 투자처로 옮기는 재미까지 누려 보자.

이것만은 알고 가자!

복리

- 복리? 뽀로로가 언덕에서 굴린 눈이 점점 더 커지는 상황을 이해하면 된다. 원금에 이자가 붙어 원금이 커지면, 처음 약속된 이자가 아닌 더 커진 상태를 기준으로 이자를 다시 계산해 주는 것이다. 시간이 지날수록 커지는 원금으로 이자 감당이 안 되어서, 보험사를 제외한 모든 금융사는 복리가 적용되지 않는다.

중기(4~7년) 추천 금융사: 증권사

증권사 상품은 은행처럼 이자율이 확정되어 있지 않았다. 더 나은
고객 수익을 실현하기 위해 공격 시 위험도를 구별하여 다양한 투자
를 실현하여 은행 고객들의 투자를 많이 이끌어낸다. 시장이 변화되
고 위험요소가 다양화되면서 수익만큼 손실 위험도 커졌는데, 고객
의 피해를 최소화하기 위해 가입 시 투자성향은 어떠한지 설문조사
를 진행하여 적합한 상품을 추천하고 주식계좌 및 펀드가입 시에는
투자 손실에 대한 위험도를 다시 한 번 설명하고 원금손실 위험에 대
해 인식했는지 동의서 내용이 강화되는 등 고객의 만족 증진과 상생

할 수 있는 다양한 방법을 찾아내고 있다.

금리는 오르고 주가는 미끄러지는 위험 구간을 거치던 고객들은 안정감을 이유로 투자 수익보다 안정성에 우선순위가 높아져 고객들이 대거 은행으로 이동하기도 하였다. 증권사는 흐름을 바꾸기 위해 홍보도 적극적으로 시행하는 등 긍정적 변화를 꾀하면서 고객 니즈에 따른 상품 개발에도 박차를 가했다.

앞서 언급한 대로 은행처럼 이자율이 확정되지 않아 불안한 고객의 선택을 받기 위해, 만기까지 보유 시 4%대 금리를 받을 수 있는 초우량등급 채권을 만들기도 하고, 은행보다 입출금이 자유롭지 않던 증권사는 발행어음형 종합자산관리계좌CMA 약정수익률을 2.3%(세전, 연환산)로 높이고 그 투자 기간이 1년이면 수익률을 4.15%까지 올려주기도 했다. 은행 예금, 적금 못지않은 안정성과 수익률 보장 상품을 운영했다.

이것만은 알고 가자!

CMA (종합자산관리계좌)

- 한마디로 CMA는 '증권사에서 하는 적금'으로 이해할 수 있다. 예전 은행은 1년에 한두 번, 분기당 이자 등 이자를 주는 주기가 길었다. 은행은 기업, 개인 대출로 받는 이자나 고객 예

금 등으로 낸 투자 수익, 수수료 등 서비스 수익을 최근 월 단위로 나누어 이자를 지급하는데, CMA는 매일 투자하여 발생한 수익을 매일 이자로 입금해 준다.

지식 더하기

구분		운용(발행)		
		은행	증권사	자산운용사
판매	은행	ELD	ELT, DLT	ELF, DLF
	증권사		ELS, DLS	

투자는 증권사에서 모든 것이 진행되는 것이 아니라 운용(발행) 되는 곳과 판매되는 곳으로 구별된다. 위 표는 파생결합증권 상품 분류를 예로 든 것이다. 돈을 넣어 두기만 한다고 생각했던 은행이 증권사보다 이렇게 적극적으로 관여하고 있다.

은행 출입이 더 수월한 우리로서는 접근 자체가 더 수월할 수 있는데, 추천해 주는 상품이 무조건 정답이라고 생각하는 것은 위험하다. 신상품 출시 시 유치를 위해 홍보를 공격적으로 하기에 특히 펀드 같은 경우는 1년 이내 정보보다 3~5년 수익을 참고하여 선택하는 것을 추천한다. 투자에 대한 다양한 종류는 시중에서 쉽게 방법서까지 구할 수 있으니, 초보를 위한 이곳에서는 대략의 종류를 구별하는 정도의 상식만 살펴보도록 한다.

업무상 다양한 사람들을 만나다 보면 증권사가 위험하다고 생각하는 분들도 많이 본다. 그런 경우는 투자보다 투기 형태로 접근하여 손실을 본 경우가 많다. 주식을 기업의 미래를 예측하고 투자한 뒤 기업의 성공, 성장에 대해 수익을 남기는 것이기에 공부할 것이 많은데, 소문과 사람만 믿고 투자하여 오르기를 바라는 막연한 형태는 투자가 아닌 투기라고 정의하는 것이 맞다. 전문가들은 하루 종일 여러 개의 모니터에 시황을 띄워 놓고 퇴근 후 미국과 일본 시장의 주식 상황을 비교하고 산업 성장 가능성을 공부하면서 투자를 고민한다. 할 거 하고 잠깐 들여다보며 오르기를 바라는 것은 우리가 선택할 태도가 아니다. 일단 종잣돈을 마련하며 돈에 대한 개념과 근육을 키우길 바란다.

이것만은 알고 가자!

분산투자

- 짚신장수와 우산장수 아들을 둔 어머니는 해가 뜨면 우산장수 아들이 장사가 안 되어 걱정하고 비가 오면 짚신장수 아들이 장사가 안 되어 걱정했다는 옛날이야기가 떠오른다. 오르락내리락 예측하기 어려운 이 시장에 투자를 할 경우에는, 한 곳에 집중투자하여 대박 아니면 쪽박을 기다리는 것이 아니라,

짚산과 우산이라는 성격이 다른 곳에 투자하여 서로의 좋은
점을 함께 가져가며 위험하여 떨어질 때 옮길 수 있는 자리를
만들어 두자는 것이다.
- 그러나 이를 잘못 이해한 초보 투자자가 공격적인 주식(수익률
이 기대되지만 손실 가능성도 큰 상품) 하나만 사고 싶었지만
분산투자를 해야 한다고 해서 또 다른 공격적 주식을 여러 개
나누어 샀다는 웃지 못할 이야기도 있다. 안정적인 은행 적금/
예금과 주식 중에서도 안정적인 채권형, 그리고 공격적인 주식,
그리고 부동산 등으로 투자 성패가 종류별, 시기별로 다르게
평가되는 곳을 구별하고 확보해야 진정한 분산투자라는 점
도 꼭 기억하시길!
- 공부하지 않고 추천과 소문만으로 수익을 기대하는 것은 '투
자가 아닌 투기라는 점 또한 기억해야 하며, 수익과 손해 모두
나의 책임이라는 점을 인지해야만 한다.

장기(7년 초과) 추천 금융사: 보험사

보험사가 금융사가 맞냐며 의아해하시는 초보분들도 생각보다 많
이 있었다. 보험사를 주변 지인에게 강요받는 속칭 다단계 제품처럼
생각하시는 경우가 있는데, 이는 보험 상품을 영업하는 소수(?) 사람

들의 영업 방식 때문에 갖게 되는 인식일 뿐이다. 보험회사는 아직 발생하지 않은 상황을 예측하고 미리 납입한 금액을 어떻게 활용해야 기업과 고객 모두에게 이익이 되는지 연구한다. 철저히 숫자로 수십 년 뒤를 예측하고 계산하는 곳이다. 수학과, 통계학과 출신의 뛰어난 두뇌를 가진 사람들이 '계리사'라는 직업으로, 이곳에서 다양한 경우의 수를 계산하고 있다.

보험회사는 현재를 살아가느라 분주한 우리를 대신해서, 나중에 발생할지도 모르는 그 작은 가능성을 대비하고 미래의 나를 도와주는 곳이다. 최소한의 돈을 내고 미래를 대비하는 것은 크게 2가지 종류인데, 하나는 질병이나 사고 시 나를 위한 혹은 사망 시 남겨질 가족을 위한 보험의 순기능이다. 또 다른 하나는 우리의 수입이 멈춰질 은퇴 이후의 삶을 지원해 주는 연금이라는 저축 기능이다. 당장도 살기 힘든데 아직 경험하지 않은 미래의 나를 위한 상품을 관리하는 곳이기에, 우리가 필요성을 가장 적게 느끼는 금융회사라 할 수 있겠다.

보험회사에 대한 부정적 인식을 가지고 있는 분이 계시다면, 아마도 그 이유는 '중도 해지 시 납입한 돈을 돌려받지 못한다'는 내용 때문일 것이다. 보험회사는 갑작스러운 사고를 대비해 수수료를 미리 받는 계산법(선취수수료)으로 기업과 고객의 미래 수익을 예측한다. 중권사도 보험사도 타이밍에 따라 수익과 손실이 결정되기 때문에 중요하지만, 보험사는 그 변수를 수십 년 이후까지 계산하고 오차를 최소화해야 하기에 수수료는 입금하는 금액에서 즉시 처리하는 것이다. 급박한 상황에 닥쳐 보험사와 약속된 금액으로 대비하려는 고객에게 '수수료를 떼고 나서 드리겠습니다'라고 한다면, 고객들 또한 그 상황을 대비하는 데 정확성이 떨어지게 된다.

보험회사는 건물도 좋고 직원 월급도 많다고 하니까 고객에게 많은 수수료를 받는 게 아니냐고 생각하는 분들도 있는데, 내가 알고 있는 바와는 다르다. 보험회사는 고객에게 사고가 발생하면 지급해야 하는 돈이, 고객이 납입한 보험료보다 무조건 많다(나이가 많은 경우 가입이 불가하거나 납입한 금액과 보험료가 유사한 경우는 있다. 보험료는 어릴수록 싸다. 아프거나 다치고 사망할 확률은 어리고 건강할수록 낮기 때문에 보험료가 더 저렴하다). 고객이 납입한 금액(보험료)에서 회사가 수익을 남기는 게 아니라, 긴 시간 납입하는 보험료가 다른 곳에 투자되어 수익을 남기는 것이 기업의 이익이 되는 구조이다.

유니버셜 보험

- 보험료로 납입한 금액이 아닌 적립된 금액에서 일정 비율을 은행처럼 넣고 빼고 할 수 있는 기능을 가진 보험을 이야기한다. 보험은 원금이 클수록 좋은 복리로 운영되기에 기능은 있더라도 건드리지 않는 것이 미래의 나에게 도움이 된다.

지식 더하기

금융시장통합법

금융시장통합법은 은행과 증권사, 보험사 등 각 금융기관에서만 판매되던 서비스가 연계된 것이라고 생각하면 된다. 은행의 입출금제도는 증권사의 CMA, 보험사의 유니버셜 보험으로 연계되었고, 증권사의 펀드는 은행 창구에서 펀드매매 가능, 보험사의 변액보험으로 연계되었다. 보험사의 복리상품 및 우리가 아는 보험의 순기능은 은행에서 방카슈랑스, 증권사의 연금펀드로 연계되었고 보험사는 변액유니버셜 보험이라는 3개 기관 연계한 상품을 판매하기도 한다. 이 상품은 은행의 입출금_유니버셜, 증권사의 펀드_변액이 합쳐진 상징적인 상품이라 할 수 있을 것이다. 단, 보험사에서 수수료를 먼저 떼고 난 뒤 운영되기에 은행, 증권사의 순기능이 활용되기 위해선 원금이 쌓이는 몇 년의 시간이 필요하다.

그래서 어디에 투자하면 되는데?

지금까지의 내용을 간단하게 정리해 보자.

① 은행은 당장 원금을 돌려받기 수월하지만 이자가 적고, ② 증권사는 경제 상황에 따른 변화 예측이 확실치 않아서 더 많이 받기도, 원금보다 적게 받기도 하는 수익률 유동성이 있다. ③ 보험회사는 언제 발생할지 모를 갑작스러운 사고나 10년 이상의 장기간 돈을 묵혀 두어야 하니 복리로 투자되어 이자가 상대적으로 많지만, 수수료가 먼저 발생되어 투자되는 원금이 초반에 적기에 당장 찾으면 원금 손실이 있다.

어느 곳에 투자하는 것이 옳은 것인가? 당신은 어디에 투자할 것인가? 주식, 채권, 펀드, 부동산, 파생상품, 외환, 상품 선물, 금속, 에너지, 그리고 신뢰까지 투자할 수 있는 종류는 다양하다. 거기에다 최근에는 다양한 코인까지, 투자 방법은 다양하지만 회사 다니면서 그 생활만으로도 벅찬 우리에게는 이 모든 것들을 공부하기는 버거울 수 있다. 욕심은 나중에 가지고, 일단 모든 금융의 기본을 파악해 보자. 이후 거기서 파생된 다양한 종류의 투자 종목까지 하나씩 본인 관심사에 따라 발전시키면 된다. 정말 중요한 건 개인이 세운 목적과 개별적 상황에 따라 숙성시킬 수 있는 금액의 크기와 목표 기간이 모두 다르다는 점이다. 이것이 키포인트다. 내 상황을 정의한 뒤 나의 목적과 나라는 성향에 따라 돈을 구별하여 모아 보면 어떨까?

02장

3년 내 쓸 돈은 단기 자금

돈도 숙성이 된다고?

한우를 유난히 좋아하던 친구는 고기를 먹어 보면 몇 등급인지 기가 막히게 맞췄다. 그런 친구가 유일하게 헷갈리는 표정을 지었던 곳이 있는데, 바로 숙성 고기를 파는 식당이었다. 똑같은 고기를 일정기간 어떻게 숙성시키느냐에 따라 B+ 등급이 A+ 등급보다 맛있는 신기한 상황이 펼쳐질 수도 있다고 한다. 보관하는 방법에 따라 평가가 달라지듯, '돈' 또한 그러하다.

돈을 어느 곳에 보관하느냐에 따라 수령 시 액수가 달라진다는 사실을 알고 있는가? 투자가 이러한데, 숙성이 적정해서 수익이 수배에 이르는 경우도 있지만, 숙성 중 고기가 변질되어 버려지는 경우도 있기에 관리에 기술이 필요하다. 시중에 투자에 대한 수많은 정보들이 있으니 참고하고, 여기서는 초보로서 개념을 가지고 그들을 판단할 수 있는 기준을 배워보도록 하자.

금융사는 크게 3가지로 구분된다. 은행, 증권사, 보험사이다. 헷갈리니까 그냥 한 곳에서 관리해 주면 좋지만 곳곳마다 돈을 숙성시키는 기술이 다르다. 당장 쓸 돈은 지갑에 넣어 두고 활용하면 되지만 일정 기간 돈을 어딘가에 맡겨 두면 원금은 이자/수익이 생겨서 스스로가 불어난다. 물론 들고 있는 것보다 어딘가에 넣었다 뺐다 하는 것이 번거로움은 있지만, 그 번거로움을 감수할수록 수익이 높아진다. 1~3년 사이에 사용하는 돈은 은행에 넣어 두라고 설명하는데, 그 이유는 중간에 돈을 찾아도 원금은 지켜 주기 때문이다. 원금은 지켜 준다? 그럼 내 돈을 맡겨 두었는데 돈을 찾을 때 손해를 볼 수도 있다는 건가? 결론은 그렇다!

목표를 세우고 중간에 변동할 가능성이 있다면, 저축해 둔 돈 또한 나의 변화에 따라 자유롭게 출금되어야 한다. 내 돈이니까 당연히 요구할 수 있다. 그러나 투자상품의 경우, 1년 만기로 가입한 상품에 들어간 내 돈은 1년간 변수가 없을 것으로 약속되었기에 좋은 땅을 찾아 묻어 두고 1년간 숙성시켜 고객의 수익과 본인들의 수익까지 만들어낼 수 있도록 기다리는 중이다. 당장 급하게 그 돈을 사용해야 하니 땅을 다시 파라고 한다면 나의 돈과 함께 묻혀 있는 다른 이들의 돈까지 그 맛을 온전히 확보하기 어렵다. 결국 금융회사는 그 돈은 건드릴 수 없으니 다른 곳에서 고객이 요청하는 그 돈을 돌려주기 위해 돈을 만들어서 되돌려 주는 과정에 시간이 걸리며 그 사이 사용된 에너지에 대해 수수료를 청구하여 내 돈에서 제하고 돌려준다.

1~3년 정도는 이런 예측 못 할 변수가 많다. 특히 초보의 경우는 더 많은 변수가 발생할 수 있으니 100만 원의 투자 여력이 있다면 확실히 안 건드릴 수 있는 비율은 중·장기에 투자하고 혹시 모를 사태를 대비하는 자금은 원금이 그대로 보존되고, 원하는 시기에 인출이 되는 상품을 찾아야 하는데, 당연히 장기 상품보다 이자율은 적다. 예를 들어보자.

> **시나리오**
>
> 가족 여행을 꿈꾸는 1년 차 신입사원. 비행기표만 1인당 100만 원이 넘는 유럽여행을 계획하지만 단번에 그 돈을 만드는 것은 어렵기에 저축할 곳을 찾아보게 되었다. 많은 돈을 투자할 수 없기에 5년간 수익률이 좋은 곳을 찾아서 투자하면 추가되는 수익

까지 기대하며 과감히 투자를 시작했다. 월 50만 원씩 5년 만기 투자 2년이 되었는데, 어느 날 부모님께 연락이 왔다. 큰형이 갑자기 유학을 가게 되었는데 돈이 부족하니 급히 모아 둔 돈을 빌려달라고 하신다.

- 학자금 대출 상환에 회사 앞 원룸 월세까지 사용하니 저축할 수 있는 돈은 이 50만 원이 전부였다. 지금까지 투자한 금액은 1,000만 원이 넘는데 지금 해약하려니 400만 원만 돌려줄 수 있다고 한다. 어……어떡하지?

적금은 위와 같은 변수를 대비할 수 있는 곳에 넣어야 한다. 저축 여력이 50만 원이었다면 비상금 형태로 30만 원을 출금 유동성이 좋은 은행권에 넣어 두고, 남은 20만 원을 펀드나 다른 투자상품에 넣어 만기를 지킬 수 있도록 했어야 했다. 그랬다면 당장 해약해서 받을 수 있는 돈이 700만 원 정도이고 여행자금 일부는 계속 투자를 진행할 수 있었을 것이다.

이렇게 예측할 수 없는 사건을 대비하기 위해서 비율을 정해서 나누어 투자하는 방법이 필요한 것이다. 아직 저축 근육이 무른 우리에게도 1~3년 사이에 다양한 변수가 발행할 것이다. 적금에 가입했으나 6개월도 되지 않아 해약하는 경우가 많다. 그럴 때는 약속했던 이자는 포기하고 원금만 돌려받는데 그 대표적인 금융기관이 바로 은행이다. 은행은 매일 고객의 현금이 드나들기 때문에 우리의 잦은 변심에도 대응할 수 있는 현금보유력이 가장 큰 곳이다. 이렇게 번거로워도 일일이 대응해 주기에 은행은 우리에게 아주 미약한 이자만을 남긴다. 요즘엔 카카오뱅크나 토스뱅크에 하루만 넣어도 이자가 생기지만, 은행은 1년에 1, 2회 정도 1원~10원 단위의 미미한 금액이 이자로 붙었던 과거를 가지고 있다. 이자보다는 습관을 만드는 데 의의를 두고 은행권 중 적합한 곳을 찾아 저축을 실천해 보자.

우리가 말로만 여행을 가는 이유

시나리오

남들 다 가는 여행을, 우리도 준비해 보자.

'우리 가족도 여행 한번 가면 참 좋겠는데…….' 몇십 년 전, 부산에 신혼여행 다녀오신 게 전부라는 엄마의 한을 풀어드리기 위해 가족들이 십시일반 돈을 모아 제주도 여행을 다녀왔다. 아무리 절약해도 4명이 움직이니 비행기표, 숙박, 식비 등 한두 달 치 월급으로는 부족해 보였다. 먹고 싶은 거 참아야 했고, 요트, 잠수함, 말 타는 것 등의 옵션도 다 포기하고 아쉽게 집에 돌아왔다. 당시 학생이었던 나는 용돈 타서 생활하던 처지라 얹혀서 갔지만, 이제는 나도 돈을 벌고 있으니 다음 가족여행은 내가 한번 추진해 보자는 마음으로 돈을 모으기로 마음먹었다.

목표는 구체적이어야 한다던데, 계산해 볼까? 내년 여름 휴가를 목표로 1년이라는 시간을 확보한 뒤, 예상 비용을 계산해 보자. 휴가시즌이라 인당 비행기표가 20만 원은 넘던데 4명이니까 100만 원으로 잡고, 왕복이니까 200만 원. 비행기표가 비싼 거니까 이동한 김에 오래놀자 3박4일로 차량렌트비 40만 원, 방은 엄마 아빠 편안하시게 따로 잡아 드릴까? 방이 2개인데 내가 알아본 호텔 숙박비가 하루 40만 원에 3일이면 240만 원이니까……. 아! 잠깐만……. 이러다가 돈 1,000만 원 넘겠는데……. 어쨌든 계산은 마저 해 보자. 여유 있으면 멀리 가 보고 싶었지만 아무리 봐도 무리다. 제주도는 물가가 비싸니까 추가 비용도 계산해야 한다. 갈치조림 4명, 대(大)자가 12만 원? 와……. 그냥 매 끼니 10만 원씩은 나가네. 3박 4일이면 조식 빼고 60만 원 이상이겠구나. 아침은 호텔 조식으로 두 끼만 먹어도 하루 20만 원 곱하기 4일…… 이것도 100만 원은 들겠네. 이번에는 귤도 따고 말도 타고 해 보자면 추가 옵션이…… 이게 얼마야……? 이것저것 합쳐 보면 1,000만 원도 넘는 것 같은데…….

강의 현장에서 만난 수천 명의 청강생들이 말하는 적금 만기 시 하고 싶은 1순위는 '여행'이 압도적이었다. 그러나 위와 같이 계산해 나가면 의욕이 꺾이고 현실을 인정하게 되며 저축은 시작할 엄두조차 내지 못한다. 우리가 단기 저축을 해야 하는 첫 번째 이유는, 성공 경험을 통해 버티는 기간을 늘릴 수 있는 저축 근육을 만들기 위해서다. 일단 모아 보자는 첫걸음이 중요하긴 하지만, 짧은 기간부터 하나씩 성공을 쌓아가야 '적금 만기'라는 산 하나를 넘을 수 있다. 가족 여행을 위한 적금이 아주 의미 있지만, 첫 적금의 성공 가능성을 높이기 위해 혼자만의 여행도 좋고 주말을 이용해 가까운 근교로 맛집 탐방을 목표로 돈을 모아 보는 것도 좋다. 당장 쓸 수 있는 돈을 참아 내고, 주말엔 나를 위해 양보하여 기분 전환을 하는 경험! 그 과정에서 꾸준히 저축할 수 있는 나의 저축 여력을 확인하고 모인 돈을 사용하는 뿌듯함의 크기를 점점 키워가는 것이다.

단번에 큰 목표를 설정하면 실패할 수밖에 없다. 목돈을 모으는 과정에서 무슨 일이 생길지 모르기 때문이다. 작업하던 컴퓨터는 자꾸 문제를 일으키고 새로운 제품으로 교체하고 싶은 욕구가 넘쳐나거나 가족 중 누가 갑자기 아프거나 돈 쓸 일이 발생한다. 잘 움직이던 차가 고장나는 등, 예상치 못한 추가 지출 이슈는 어디선가 발생하게 된다. 1~3년 단기 저축에 앞서서 첫 저축은 '비상금 마련'을 추천한다.

비상금은 2~3개월 월급 정도가 실현 가능성이 높은 목표이다. 그 비상금은 CMA같이 유동성이 좋은 곳으로 주머니에 돈이 있을 때마다 넣어 두며 변수를 대비해 보자. 이렇게 많고 다양한 변수들을 경험해가면서 나만의 저축 근육을 키워야 한다. 내가 생각지 못하는 사이 돈들이 눈에 보일 것이며, 내가 조심해야 할 그 돈들을 확인하며 나에게 안정감을 주는 비상금통장이 완성되는 두 마리 토끼를 잡게 될 것이다. 요즘은 카카오뱅크, 토스, 케이뱅크와 같은 인터넷 은행이 생기면서 포인트라는 이름으로 CMA 형태의 혜택을 받으면서 손쉽게 저축할 수 있게 되었다. 중요한 것은 지속 가능한 방법을 찾는 것이다. 저금통만 아니라면 어느 것이라도 좋으니 일단 모아 보자.

변수를 차단하는 가장 효과적인 방법

비상금을 마련했다면 앞으로 1년간 적금을 진행하는 중에 생기는 변수는 이곳에서 해결하면 된다. 시작한 적금은 절대 절대 해약하지 말고, 지속할 수 있는 현실적인 금액으로 이제부터 적금을 실행해 보자.

　　은행연합회 홈페이지(https://www.kfb.or.kr/)에 접속해 스크롤을 내리
면 우측에 '자주 찾는 메뉴'라는 창이 보인다. 여기에서 '예금금리'를
클릭하자.

은행연합회 홈 → 자주 찾는 메뉴 중 예금금리 → 적금금리 → 은행선택 → 정액적립식 → 단리

- 적립방식: 정액적립식 (정해진 금액을 정기적으로 넣는 것이 계획에 용이하다)
- 이자 계산방식: 단리 (복리가 좋은 건 분명히 알지만, 현재 은행에 복리상품은 없다)
- 은행에서 현재 판매되는 복리저축은 모두 '보험회사' 상품이다.

기왕 적금을 가입한다면 적금 만기를 경험할 수 있는 것으로 시작하자는 생각으로 6개월이나 1년 적금 중 선택하기로 했다. 6개월은 이자율이 가장 좋아 보이는 하나은행 내맘적금과 SC제일은행 퍼스트가계적금을 선택하면 좋겠다. 적금 만기는 6개월 가능성이 높겠다는 생각과 이자율이 가장 높은 이곳들이 적합해 보였지만, 나는 주거래 은행인 우리은행 1년 적금을 선택했다. 이자율이 더 낮았더라도 주거래 은행과 실적을 늘려서 신용등급을 관리하고 대출 이자율을 낮춰가는 게 더 이익이라 판단했기 때문이다. 적금을 실천한다는 것이 중요한 거지 숫자만으로 접근하면 큰 그림을 놓치는 경우가 발생할 수 있다.

이자율이 더 높은 것에 내가 그리 연연하지 않는 이유는 231쪽의 그림에 있다. 필자가 선택한 5% 적금의 예를 들면, 매월 납입한 총액

은행 상품별 금리 비교

은행	상품명	기본금리(단리정액 %)				최고우대금리(단리정액 %)				은행 최종 제공일
		6개월	12개월	24개월	36개월	6개월	12개월	24개월	36개월	
전북 은행	JB 카드 재테크 적금(정기정립식)		1.00				5.50			2023-06-27
Sh수협 은행	Sh 보고싶다! 명태야적금 II		2.40	2.50	2.60		3.40	3.50	3.60	2023-06-20
KDB산업 은행	정기적금	2.50	2.60	2.70	2.70	2.50	2.60	2.70	2.70	2023-06-20
Sh수협 은행	Sh평생주거래 우대적금(정액)		2.60	2.70	2.80		3.80	3.90	4.00	2023-06-20
KB국민 은행	KB국민프리미엄 적금(정액)		2.75	2.95	3.05		3.65	3.95	4.25	2023-06-20
우리 은행	우리SUPER 주거래적금		2.75	2.80	2.85		4.65	4.70	4.75	2023-06-20
Sh수협 은행	헤이(Hey)적금 (정액적립식)	2.80	2.90			3.70	3.80			2023-06-20
광주 은행	여행스케치_ 남도투어적금		3.20				5.10			2023-06-20
광주 은행	해피라이프_여행 스케치적금 V	3.10	3.30	3.40	3.50	4.30	4.50	4.60	4.70	2023-06-20
하나 은행	내맘적금	3.20	3.30	3.45	3.55	3.70	3.70	3.95	4.05	2023-06-20
…	…	…	…	…	…	…	…	…	…	…
…	…	…	…	…	…	…	…	…	…	…
…	…	…	…	…	…	…	…	…	…	…
…	…	…	…	…	…	…	…	…	…	…
…	…	…	…	…	…	…	…	…	…	…

적금 납입 월별 이자 정산량

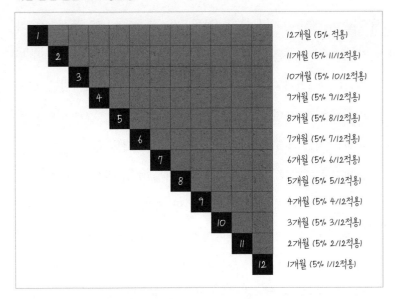

	12개월 (5% 적용)
1	11개월 (5% 11/12적용)
2	10개월 (5% 10/12적용)
3	9개월 (5% 9/12적용)
4	8개월 (5% 8/12적용)
5	7개월 (5% 7/12적용)
6	6개월 (5% 6/12적용)
7	5개월 (5% 5/12적용)
8	4개월 (5% 4/12적용)
9	3개월 (5% 3/12적용)
10	2개월 (5% 2/12적용)
11	1개월 (5% 1/12적용)
12	

에 5% 이자로 주는 것이 아니기 때문이다. 첫 달 납입한 금액은 12개월간 은행이 관리하니 5%를 모두 적용시켜 줄 수 있지만, 마지막 달에 납입한 금액은 1개월만 관리하기 때문에 '5%의 1개월/12개월' 만큼만 이자를 받게 된다. 여기에 은행이 가져가는 세금이 추가로 빠지게 되니까, 은행은 이자 때문에 저축하기보다 습관을 만들기 위해 저축한다고 생각하는 게 마음 편했다.

복잡한 생각이 넘쳐나는 1~3년 기간을 '단기'라고 명명하고 우리는 돈을 모아 보기로 했다. 매월 월급날을 이체일로 설정하고 월급에서 적금이 먼저 빠져나가도록 하자. 저축은 쓰고 남은 돈이 아니라 먼저 넣고 써야만 돈이 모인다. 절대 절대 적금보다 먼저 쓰면 안 된다! 적금으로 먼저 빠져나가서 쓸 돈이 없으면 참으면 되지만, 먼저 쓰고 적금을 못 하면 미래의 나는 대책이 없다. 참는 것과 없어서 견뎌야 하는 것은 그 고통의 크기가 절대 다르기 때문이다.

쪼개진 돈은 쉽게 없어지지만 10만 원, 100만 원으로 묶어 둔 돈은 쉽게 손대기 어렵다. 돈은 계속 이런 단위로 묶어서 1을 2로, 10을 100으로 늘려가야 한다. 처음 CMA 통장을 만들었을때는 은행에 매일 방문했던 기억이 난다. 통장의 잔액 마지막 두 자릿수가 매일매일 바뀌는 것이 신기하고 기분 좋았기 때문이다. 요즘엔 인터넷 뱅킹으로 쉽게 넣고 뺄 수 있는데, 손쉽다는 장점이 있는 반면 쉽게 쪼개질 수 있다는 큰 단점도 있다. 10만 원 이상의 단위는 다른 통장에 넣고 잊어버리는 방법도 있다. 보이면 사용하게 되니까, 당장 써야 하는 일정 금액만 두고 내 눈에서 숨겨 두어 그곳에서 적금으로 자동이체 되도록 만드는 것이다. 별것 아니라 생각될 수 있지만 효과는 분명히 있다.

큰 성공 한 번보다는 작은 성공 여러 번

지출을 제한하고 적금을 강제화시키고 시간이 흐르면, 드디어 여행자금이 쌓이기 시작한다. 1,000만 원을 여행 목표자금으로 시작했다면 아직도 멀었다며 실망했겠지만 일단 1만 원, 2만 원씩 쌓아 둔 통장에서 50만 원으로 엄마와 월말에 맛있는 걸 먹고 100만 원으로 목표를 수정하여 다시 시작해 본다. 그렇게 한번 모인 돈을 누리고 나니 조금 더 참아서 200, 300으로 숫자를 늘릴 욕심이 난다. 그렇게 500만 원이 모이고 기념으로 기차여행을 떠나 본다. 돈을 모아야 하

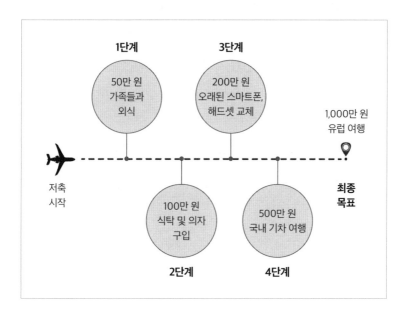

는 동기부여는 분명해지고 이제는 뒤에 '0'을 하나 더 붙여 봐야겠다. 다음엔 가족과의 제주도 여행을 실천할 수 있겠다는 확신이 든다.

은행별 적금 이자가 다르니 앞에 삽입된 표를 참고해서 가까운 곳에 실천할 수 있는 적금에 가입해 보자. 없는 것보다는 좋고 동기부여는 되겠지만, 돈이 모이는 기간이 달라지는 등의 큰 잔액 변화는 기대하지 말자. 그건 투자에서 누려 보고, 지금은 일단 현재의 내가 참아서 미래의 내가 누릴 수 있는 지출 제어를 목표로 하는 저축 근육을 키워보자. 답답해서 포기하는 가장 위험한 구간이니 욕심보다는 작은 성공을 자주 하며 점점 더 기간을 늘려가 보자.

또한, 단기 저축을 위해 다음 내용을 실천해 보자.

1. 잔돈부터 시작해서 투입 금액을 늘려 모이는 돈을 눈으로 보자.
2. 10만 원 단위는 눈에 보이지 않는 별도의 통장을 만들어 넣어 두자.
3. 1차 목표는 '월급의 3배 – 비상금 만들기'다.
4. 비상금 후 1년 만기 적금 시작! 중간 변수는 비상금 통장만 사용한다.
5. 참기만 하면 지속할 수 없다. 초기는 소액으로 소중한 사람과 기분 전환하는 시간도 허용하자.

단기 자금 만드는 방향성

1. 먼저 하고 싶은 것들을 적어 본다. 현실부터 들여다보면 아무런 꿈을 꿀 수 없으니까.
2. 그 꿈 목록들을 상세히 계산한다. 이루기 위해 어느 정도의 금액이 드는지.
3. 시기를 구분해 본다. 이건 몇 년 뒤 이루고 싶은 건지, 당장 내년인지, 10년 이내 가능한지.
4. 이제 현실을 바라보자. 내가 저축 가능한 금액이 얼마인가?
5. 저축 가능한 금액으로 실천 가능한 목표 리스트를 추려보자.
6. 목표 리스트의 달성 시기를 재조정하고 목표 달성 시기를 구체화하자.
7. 목표 달성을 위한 저축 계획을 세우자.

여기에서 꼭 주의할 점이 있다. 카드 한도가 있으니까 시원하게 할부로 고가의 가방을 구입하거나 여행을 다녀오는 이들이 당연해 보이면 안 된다. 할부가 활용된 그 선택은 휴가 복귀 후 족쇄가 되어, 나를 직장의 노예로 만든다. 정말 아니다 싶어서 이직을 하고 싶어도, 몸이 아프고 너무 힘들어도 카드 할부 때문에 무조건 버텨야만 하는 강한 부담이 나의 자존감을 갉아먹는다. 할부에 의존하는 것과 같은 방법들은 참아 보고, 내가 시간 들여 모은 정성(현금)으로 갈 수 있는 능력을 만들어야 그 추억까지 온전히 진짜 내 것이 된다.

지식 더하기!

필자는 단기 목적자금 마련을 위해 증권사에 방문해서 CMA를 만들어 보길 추천한다. 지금은 금융시장통합법에 따라 은행에서도 만들 수 있게 되었으니 주거래 은행에 방문해서 문의해 보자. 시간이 없다고 미루지 말고, 인터넷 은행에서 적금을 만드는 것도 좋다. 그러나 증권사 방문을 추천하는 이유는, 개인의 투자성향을 눈으로 확인시켜 주는 설문조사와 은행 외의 금융사를 경험하자는 목적 때문이다. 내가 보수적인지 공격적인지 확인해 보고, 방문한 김에 궁금한 것도 물어보고 펀드 같은 투자상품도 배워 오면 더 좋겠다.

03장

중기 자금: 주식·펀드는 적어도
4~7년 묻을 각오요

모르겠으면 펀드가 방법이다

목돈 만들기 목표 달성을 위해서는, 꾸준히 돈을 모으기만 하는 것이 아니라 모은 돈 위에 이자나 추가 수익이 더해져서 목표 기간이 줄어들도록 만드는 전략이 필요하다. 갑작스러운 자금의 유동성을 고려하지 않아도 되는 돈이라면 묵은지처럼 일정 기간 묵혀 두어 더 많은 이자를 확보하는 것도 좋지만, 투자라는 것을 통해 물가상승률 이상의 수익을 기대해 보는 것도 필요하다. 우리는 아직 어떤 투자가 좋은지 판단할 수 있는 기본이 없는 초보이기에 특정 회사의 주식을 사거나(매수) 코인 같은 정체 모를 위험에 투자하는 것이 아닌 펀드 활용을 고민해 보면 어떨까?

펀드란 많은 사람들이 돈을 벌었다는 주식들을 모아서 하나의 그룹을 만들어 운용한 뒤, 전체 평균 수익을 돌려받는 간접 투자상품을 말한다. 하나의 주식만으로는 가치가 오르고 떨어지는 위험에 불안하겠지만, 펀드는 안정성을 목적으로 만든 것으로 여러 가지 종목을 연합시켜 한쪽이 떨어져도 다른 한쪽에서 보완하도록 만든 상품이다. 초보에게 딱 좋은 주식 투자 방식이 아닐 수 없다. 투자회사는 우리가 선택한 펀드에서 수익이 나와야 자신들도 이익을 얻는다. 따라서 더 좋은 주식을 찾아서 조합해 보고 안정적인 수익률을 얻기 위해 고민한다. 주식하는 사람들을 보면, 틈틈이 주식 창을 들여다보며 올랐다고 기뻐하고 떨어졌다고 슬퍼하곤 한다. 우리는 그 전문가들을 믿고 주식창을 살펴보며 소비적인 시간을 내려놓은 뒤, 각자의 전문 분야에서 성장하면 되는 것이다.

필자가 초보인 여러분에게 추천하는 펀드는 상품이 아닌 회사이다. 펀드는 수십 개의 증권사별로 수만 개 이상의 종목이 있다. 그중 어떤 것이 좋은지 우리는 판단할 수 없다. 한 펀드 회사는 그런 우리를 위해 펀드 종목을 3개만 만들었다(필자가 가입했을 당시). 무엇이 좋은지는 전문가가 판단하고 고객은 방향만 선택하도록 하자는 것이다.

코리아, 차이나, 글로벌이라는 종목으로 우리의 선택을 단순화시키고, 전문가인 그들은 이 방향에 적합한 상품을 찾고 조합해서 우리의 수익을 만들어내는 것이다.

순위	펀드 브랜드	참여지수	미디어지수	소통지수	커뮤니티지수	브랜드평판지수
1	미래에셋자산운용 펀드	2,256,575	3,402,587	926,836	1,591,535	8,177,633
2	삼성자산운용 펀드	2,370,305	2,354,370	699,104	1,357,248	6,781,028
3	한국투자신탁운용 펀드	2,143,313	2,417,628	370,839	1,721,548	6,653,329
4	신한자산운용 펀드	2,251,345	1,633,108	258,049	1,580,161	5,722,664
5	우리자산운용 펀드	1,898,903	1,794,656	117,754	1,100,939	4,912,252
6	대신자산운용 펀드	1,427,898	1,394,146	454,149	1,023,895	4,300,088
7	현대자산운용 펀드	1,420,037	1,256,873	336,039	1,058,748	4,071,697
8	KB자산운용 펀드	1,175,558	1,775,347	147,748	812,171	3,910,844
9	한화자산운용 펀드	1,148,775	811,900	71,047	825,985	2,857,707
10	플러스자산운용 펀드	982,080	644,046	47,326	760,137	2,433,588
...	...	...	...	...	...	...
...	...	...	...	...	...	...
...	...	...	...	...	...	...

2023년 6월 23일 기준

출처: 파이낸스 투데이/ 구재석 기자/ [빅데이터투데이] 펀드 2023년 6월 브랜드평판 랭킹... 1위 미래에셋자산운용 펀드, 2위 삼성자산운용 펀드, 3위 한국투자신탁운용 펀드/ 6월 23일 기사

1년 내 수익률이 좋으면 좋은 펀드일까?

펀드의 종류는 수없이 많고 수익률과 가입자 수 등의 다양한 숫자로 우리 선택을 종용한다. 선택은 우리의 몫이지만 숫자만으로 판단하기 어려운 숨겨진 의미들을 우리는 알기 어렵다. 이에 몇 가지 기준을 공유해 본다.

한 선배가 이런 조언을 해주었다. "1년 내 수익률이 좋다고 해서 그 상품을 선택하지 마라." 큰 금융회사에 신상품이 나오면 할당량이라는 게 주어지고 캠페인을 만들어 단시간 내 빠르게 수익률과 가입자 수를 늘려낼 수 있다는 것이다. 3~5년 평균을 바라보며 안정적으로 수익이 상승한 상품을 고르면 실패할 확률을 최소화할 수 있다는 내용이었다.

그 기준으로 상품을 살펴보고 가장 좋은 것을 선택하지만 결과는 늘 예측과 다를 수 있다는 것이 나의 결론이다. 그래서 내 선택은 회사를 선택하는 것이었다. 전문가가 어떤 마인드로 투자하고 수익을 창출하는지를 공감할 수 있다면, 수익률이 상대적으로 낮아도 함께 멀리 갈 수 있다고 생각했기 때문이다. 그래도 정 판단이 어렵다면 펀드들의 브랜드 평판 지수도 참고할 만한 자료가 될 것이다.

CMA를 추천받고 지인과 함께 증권회사에 처음 방문했을 때, 가장 크게 놀란 것은 대기한 사람들이 없다는 것이었다. 서울 강남 한복판에 있는 증권사였는데, 은행은 대기번호 수십 명이 있었던데 비해 이곳은 방문 즉시 상담이 된다 하니 여러 가지 생각이 들었다. 요즘은 핸드폰으로도 금융상품 가입과 투자성향 검사도 가능하지만, 그 당시는 서류를 건네받고 하나하나 볼펜으로 체크한 뒤 상품 가입이 가능했다. 신분증 보여주고 본인 확인 후 원하는 상품에 바로 가입했던 은행과 달리 물어보는 것이 많았다. 나의 투자성향이 보수적인지 공격적인지 검사 후 무조건 수익률 좋은 걸로 가입시켜 달라고 요청했으나 거절당했다. 설문조사에 나온 결과가 안정적 성향이어서 그 상품은 손실 위험이 크기에 가입을 도와줄 수 없다는 것이었다. 거절당했는데 신뢰감이 생겼다. 무조건 다 해 주는 게 아니라 내가 할 수 있는 최소한의 기준을 정해 준다는 점에서 안심이 되었고, 무모한 선택을 방지할 수 있다는 말에 든든한 마음도 들었다.

원하는 바를 이야기한 뒤 상품을 추천받아 가입하면서 만족도가 매우 높았으나, 왜 은행보다 이곳이 한가한 것인지 너무나 궁금했다. 은행에서 적금 가입한 것보다 수익률도 혜택도 훨씬 좋은 것 같은데 왜 사람들은 그렇게 줄을 서서 적금만 가입하는 것일까? 나중에 스스로 납득했던 결론은 이것이었다. "그들은 모른다!" 그들은 이런 상품이 있는지 알지 못했기에 아는 곳만 찾아다닌다라는 것이 내가 내린 결론이었다.

지금은 카카오뱅크, 토스뱅크, 케이뱅크라는 인터넷 은행들이 생기면서 이 혜택들이 포인트로 반영되어 돈을 쓴 만큼 되돌려주는 등 다양한 혜택을 누릴 수 있게 되었다. 1년에 몇 번 안 되는 은행이자와 달리 일주일에도 몇 번씩 돈만 썼을 뿐인데 할인되었다며 입금해 준다. 주 5일 고객 통장에 수익금을 넣어 주는 것과 별반 다르지 않아서 이제는 예전처럼 증권회사만을 찬양하는 횟수는 줄어드는 것 같다.

증권회사는 기업의 가치에 투자하는 상품으로 주식, 펀드 등의 방법으로 우리는 그 이익을 함께 나눌 수 있다. 4~7년 기간 중기 상품으로 증권사의 주식을 추천하는 이유는 수익 사이클 때문이다. '코스트 에버리징'이라는 것을 안다면 훨씬 이해가 빠를 것이다.

확신이 있다면 존버할 수 있다

나의 첫 주식은 투기였다. 선배가 추천해서 따라서 산 것이다. 의도치 않게 계속 주식 그래프를 보게 되고 그래프의 색깔 변화(오르면 빨강, 떨어지면 파랑)에 민감하게 반응하며 내 투자상품의 수익률에 깊은 관심을 갖게 되었다. 그러던 어느 날 밥을 먹다가 급격히 놀라며 뛰쳐나가서 선배에게 전화를 했다. 왜? 지수가 떨어졌기 때문이다. 그래서 선배에게 지금 어떻게 해야 하냐고 다급하게 물었다. "선배님, 지금 팔아야 하는 건가요?" 이 질문에 선배는 크게 웃으면서 여유롭게 대답했다. "너 돈 좀 더 있냐? 그거 추가로 더 사!"

코스트 에버리징Cost Averaging은 정액분할 투자법 또는 평균 매입 단가 인하 효과라는 건데, 선배의 말처럼 떨어질 때 추가로 구입하는 것이다. 주식은 단가 × 개수가 내 수익이 되는 건데, 주식이 떨어진 건 단가가 떨어진 것이다. 10만 원으로 만 원짜리 10개를 살 수 있었는데, 만 원이 5천 원으로 떨어지면 10만 원으로 20개를 살 수 있다는 것이다. 이 주식은 오를 것이라는 확신이 있으니까 더 싸졌을 때 더 많이 사 두면 개수가 늘어나는 것이고, 이후에 단가가 오르면 사 놓은 개수만큼 수익이 올라가니 더 많은 수익을 가질 수 있다는 것이다. 주식과 펀드를 이해하려면 반드시 이 개념을 먼저 살펴봐야 한다.

주식이 오르면 내 자산이 늘어나니 좋은 것이다. 반면 주식은 떨어지지만 투자한 회사가 성장할 거라는 확신이 있다면 추가 구매로 개수를 늘려서 나중에 오를 때를 기대할 수 있다. 이렇게 확신을 가지고 장기적으로 가지고 있으면 일상이 주식 그래프를 보면서 무너지는 위험 상황에 처하지 않고 착한 투자를 할 수 있게 된다. 주가가 높을 때에도 떨어질 때에도 정해진 금액만큼 정기적으로 사다 보면 보유한 숫자와 수익률이 지속적으로 오르게 된다.

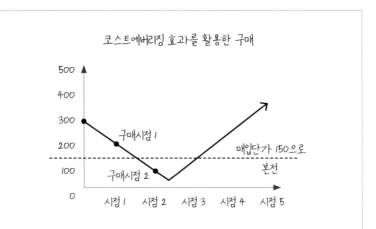

코스트에버리징 효과를 활용한 구매

주식투자를 했는데 계속 떨어진다고 가정하면 당연히 손해가 납니다.
이런 경우에도 손실을 안보고 낮은 가격에 매입할 수 있는 방법이 적립식분할매수 입니다.(코스트 에버리징효과)
200원에 10주를 샀다고 가정하고 지수가 100원에 떨어지면 당연히 손실이 나지만 100원 추가로 10주를 매수하면 평균주가는 150원이 됩니다.
그러다가 지수가 반등해서 200원, 300원으로 오르게 되면 이익이 나는 구조인 것입니다.

주식의 흐름을 보면 수년 전에는 2년에 한 번 내리고 오르는 한 사이클이 온다고 판단했고, 이를 2번 경험하면 결국 보유한 개수가 올라간 단가의 효과를 봐서 총액이 늘어나니까 떨어진 주식을 보완할 수 있다 하여 중기 자금을 4~6년으로 정했던 것이다. 요즘엔 상황이 변화무쌍하여 필자는 이 기간을 4~7년, 혹은 8년으로 정하여 투자를 추천한다.

가까운 곳에서부터 시작하라

초보 입장에서 직접적인 주식 투자는 불안하고 무섭다. 따라서 그런 주식들을 모아 안정감을 높여 주며 어느 정도의 수익률을 맞춰 주는 펀드에 가입하여 중기 기간의 투자 수익을 보존할 수 있다. 이것이 좋아 보인다고 올인하는 것이 아니라 은행권에 유동성 있는 자금으로 일정 비율 저축하고 펀드 투자도 적당히 실천하는 게 좋다. 3개의 나무 그림에서 설명했듯 7, 8년 이후의 장기 목표를 위해서라도 조금이라도 미리 투자하는 걸 추천하지만, 이것은 보이지 않는 미래라 실천이 정말 어렵다는 것은 필자도 이해하고 있다.

이 투자는 중기(4년 이후)에 쓸 자금이니까 흐름이 하락장이라도 변심하지 말아야 한다. 끝까지 버티는 것도 연습이 필요할 것이다. 개인 주식을 이렇게 버티기만 하는 것은 무모할 수 있지만, 펀드는 충분히 보완할 상품들을 조합한 것이기에 괜찮다 볼 수 있다.

주식과 펀드를 이해하기 가장 좋은 방법은 결국 직접 해 보는 것이다. 부담 가지 않는 최소한의 금액으로 하나의 주식을 가입하고 나면 그래프의 변화가 눈에 들어오고, 전문가들이 그 기업을 어떻게 평가하는지 뉴스도 눈에 들어오기 시작한다. 이후에는 관련 산업의 경쟁사들 주식도 관심을 가지고 살피게 되고 연계된 산업까지 관심을 갖게 된다. 그렇게 눈이 조금씩 넓어지는 것이다.

가장 인상 깊었던 주식 투자자는 금융에 대한 정말 초보인 일반 주부였다. 마트에 갔다가 파빅스라는 밀폐용기를 구입하여 사용을 해 봤는데, 감동을 받았다는 것이다. 그리고 이 그릇 만든 회사가 정말 대박이 나겠다는 확신이 들어, 관련 기업 주식을 샀다는 것이다. 또 어떤 50대 아저씨도 친구 따라 주식이라는 걸 시작하려는데 뭘 사야 할지 모르겠다며 고민하는 것을 보았다. 본인이 술을 좋아하는데 요즘 경기가 계속 떨어지니까 술 먹는 횟수가 올라간다는 본인의 경험(?)을 참고하여 주류 회사의 주식을 샀다는 것이다.

이 두 사례의 공통점은 해 본 것, 본인이 관심을 갖는 것에 투자했다는 것이다. 소문을 듣거나 친구 따라 주식을 산 후 종목이 떨어져서 한숨을 쉬는 이들을 많이 보았을 것이다. 그렇게 따라가고 막연하게 기대하는 것이 투기라 한다면 상대적으로 위 사례는 투기보다는 투자라고 정의하는 게 맞을 것 같다.

주식 전문가 한 분과 식사를 하면서 이런 이야기를 들었다. 자신은 24시간 주식만 고민하는데도 승률 40%를 맞추기 어려운데, 사람들은 회사생활 하면서 잠깐잠깐 보는 것만으로 나보다 더 높은 승률을 원한다는 것이다. 이것이 투기다. 주식을 하겠다며 관련 서적을 읽고 유튜브로 전문가 채널을 5개 이상 구독하며 1년 넘게 공부하는 지인은 그들이 추천하는 상품을 사지 않는다. 왜 그것을 투자했는지 이유를 이해한 뒤 결정은 본인이 한다.

필자는 얼마 전 기업 강의를 갔다. 강의를 준비하며 해당 기업을 조사했고, 방문했을 땐 조직 분위기도 좋아서 그 회사 주식을 샀다. 기분 좋게 오르다가 최근에는 많이 떨어졌지만 나는 추가로 주식을 사서 평균 구입가를 낮추었다. 회사 제품이 일본의 1위 기업보다 좋은 이유를 알고 있기에, 시간을 두고 그 기업의 성장을 응원하고 싶어졌기 때문이다. 주식을 이렇게 접근하면 불안하지 않고 편안하게 나중을 기대할 수 있게 된다.

변액유니버셜 보험이라는 투자상품의 경우에도 펀드로 수익이 좌우되는데, 이때 코스트 에버리징은 추가 납입이라는 방법으로 실현이 가능하다. 매월 내는 보험료는 수수료가 빠지지만 추가 납입은 수수료 없이 온전히 투자되기에, 더 짧은 시간 수익을 내기 위해 납입하는 보험료를 낮추고 여윳돈으로 추가 납입을 하는 것이 더 현명한 방법이다. 이러면 발생하는 것은 내 상품의 관리자 수수료가 적어진다는 것이고, 그것은 다시 온전한 내 수익이 되는 셈이니 내게는 분명 좋은 방법이 아닐까 싶다.

04장

주택 구매나 은퇴 준비는 장기 자금

동기부여에는 숫자가 필요하다

중기, 장기 저축을 할 때 주의할 점은, 중간에 포기하지 않는 것이다. 감당할 수 없을 만큼 자신을 흔들어대는 다사다난한 사건을 버텨 내려면 분명한 동기부여와 목표가 있어야 한다. 그것이 미래의 내가 흔들리지 않도록 든든하게 도와줄 것이다. 이제 목표를 하나 적어 보고 모니터링하는 과정을 살펴보도록 하자.

예를 들어, 강의 때 가장 많이 나오는 목표 중 하나는 '드림카 구입'이다. '차량 구입'이라고 막연하게 기재하는 것이 아니라, 'BMW i8

쿠페 F/L(1세대) 2019년형 하이브리드 - 1억 9,820만 원 흰색' 정도는 최소한 적어 놓고 관련 이미지까지 그려 보아야 최소한의 동기부여가 된다.

목표가 설정되었다면 이를 성취하는 데 지출되는 예상 비용을 계산해 보자. 1억 9,820만 원에서 세금만 60만 원이 넘을 테니 특별한 옵션을 넣지 않아도 2억은 족히 넘을 듯하다. 그렇다면 나의 드림카는 '2억 원'으로 계산한다.

차량 구입액 2억 원 = 월 83만 3,333원 × 20년 + 차량관리비 = 월 90만 원

이제 현실적인 고민을 하며 실현 가능성을 조절해 보자.

① 20년 후에도 나에게 이 차는 매력적일까?
② 리스나 렌트를 알아보는 건 어떨까?
③ 현 수입에서 차량만을 목표로 90만 원의 비용을 남겨 둘 여유가 있는가?

목표 달성을 위해 평가해 보자
'하고 싶은 > 할 수 있는 > 해야 하는 것'

하고 싶은 것: BMW i8 쿠페 F/L(1세대) 2019년형 구입

할 수 있는 것 #1: 20년간 월 83만 3,333원씩 적금 = 매월 90
만 원씩 20년 적금 기준
해야 하는 것 #1: 펀드 또는 20년 - 복리이자 가능한 연금,
VUL 등 보험 상품 가입

할 수 있는 것 #2: 차량 할부나 리스 or 렌트가 가능한가? =
한도가 부족하다!
해야 하는 것 #2: 현 상황으로는 무리일 듯하다. & 20년 뒤면
더 좋은 차가 나올 듯하다.

위 목표는 대충 보아도 실현하기 어려운 목표로 현실과 동떨어져 있음을 알 수 있다. 대충 생각해 봐도 무리임은 알았지만, 그럼에도 직접 이렇게 적어 보아야 이 꿈을 미루든지 포기하든지 목표를 수정하며 미련을 갖지 않을 수 있다. 그리고 이 과정을 거치면 조금은 현실적으로 목표를 고민할 수 있게 된다.

많은 분들이 슈퍼카, 세계여행, 건물주 등을 목표로 정하겠다고 말

하지만, 그 세부적인 옵션까지 제대로 고민한 사람을 만나는 경우는 매우 드물다. 목표가 얼마나 구체적인지 확인하기 위해 물어보는 질문은 다음과 같다. 자동차라면 어떤 모델, 연식, 내/외부 컬러 및 세부적인 옵션들을 포함해서 부과세 포함 얼마인지 답변을 요구하거나, 유럽 여행이라고 목표를 이야기하면 유럽이 몇 개국인데 그중 어떤 나라를 며칠 일정으로 다녀올 건지, 얼마 경비로 꼭 보고 와야 하는 곳을 어디로 정해놨는지, 각 장소에서 얼마나 오래 시간을 보낼 것인지 구체적인 일정을 물어본다. 유럽이 50개국이라는 것도 모르는 경우가 대부분이고 모두 막연하게 해보고 싶다는 답변만 하는데, 이 목표가 정말 당신에게 간절한지 되물어봐야 한다.

대부분의 사람들이 주어진 것을 성실히 하고는 있지만, 그 이상의 무언가를 상상하며 실현시키기기 위해 고민하는 데는 적극적이지 않은 듯하다. 삶이 바쁘고 현재 수입으로 어차피 할 수 없다는 자포자기 심정이 동기부여를 막아서는 것은 알고 있다. 그러나 구체적인 목적이 형상화되지 않으면 시간이 흘러 수입이 충분히 늘어 실현 가능한 상황이 와도, 막연함으로 남을 뿐, 아무것도 이루지 못하는 경우가 태반이다. 왜냐하면 상황이 개선되어도 그에 따르는 문제가 추가로 발생하기 때문이다. 목표를 이루려면 장기적인 그 과정에 변수를 대응할 수 있는 최소한의 대비책과 구체적인 밑그림이 있어야 하기에 우리에게 세세한 고민이 필요한 것이다. '어떻게든 되겠지'와 같은 막연함(목표 없음)으로 성실히 저축만 하며 시간이 흘러가길 기다리는 것보다는 터무니없더라도 일단 최소한의 밑그림을 그려놔야 달성 확률을 조금이라도 높일 수 있지 않을까 생각한다. 물론 밑그림이 없더라도 일단 저축을 시작하는 건 나름의 의미가 있기는 하다.

언제까지 절망에 빠져 있을 수는 없어!

지금부터 이야기하는 '장기'는 10년 이후를 말한다고 생각하면 될 것이다. 미래는 보이지 않고 아직 구체적으로 생각해보지 않은 막연한 것이지만, 지금 이대로 생활하다가는 나중에 큰일이 날 것이라는 위기감은 가지고 있을 것이다. 이 불안감은 저절로 해결되지 않는다. 준비조차 되어있지 않다면 그 상황에서 나는 아무것도 할 수 없게 될 것이기에 3가지 내용으로 미래를 준비해보는 것을 추천한다.

- 큰 목표를 준비하는 VUL(변액유니버설 보험) 이라는 투자형 저축상품
- 은퇴 후 국민연금만으로 생활하기 어려운 노후를 대비하기 위한 연금상품

• 갑작스러운 상황을 대비하는 보험상품

시기별로 돈을 모으는 방법에 대해 다시 한번 정리해 보자. 단기
는 1~3년 동안 금액을 자유롭게 넣고 뺄 수 있는, 현금 유동성과 원금
보장이 확보된 은행을 주로 사용하자고 제안했다. 4~8년은 물가상승
률 이상의 수익을 생각해서 저축이 아닌 투자형 상품을 선택하되, 단
독 주식을 선택하고 등락에 따라 매번 불안해하지 말고 펀드를 통해
안정적인 수익을 갖자고 이야기했다(주식은 단타 상품이 아니다. 기업의 가치,
성장 가능성에 투자하는 중기 상품임을 잊지말자. 투자와 투기는 다르다. 코인과 같이 등락 이
유와 상승 기준을 예측할 수 없는 것은 투자가 아닌 투기라는 점과 그 결과는 본인이 책임져야
한다는 점을 명심하자.).

지금 추천하는 내용은 8년 이상의 기간 뒤에 생기는 이벤트를 대
비하는 상품으로, 여기서는 보험 상품을 추천하려 한다. 단기물가상
승률을 반영하기 위해서는 일반 이자가 아닌 복리(이자로 불어난 원금에서
다시 이산을 계산하는 형태)로 투입된 금액이 순환되어야 하는데, 앞서 언급
된 대로 복리는 보험사밖에 없기 때문이다.

여름에 겨울옷을 미리 사면 더 저렴하게 구입할 수 있듯, 보험상품
은 지금 당장 필요하지 않은 것을 미리 준비한 사람들이 더 큰 혜택
을 볼 수 있다는 특징을 가지고 있다. 보이지 않고 아직 생각해보지

않은 미래. 부모님 나이 때인 미래의 나를 위해 더 어리고 젊은 지금 미리 대비하는 것이다. 당장도 돈이 부족하고 힘든데 보고 싶지 않은 미래까지 이야기하는 게 불편할 수 있고 피하고 싶을 것이다. 대부분이 가지는 이런 마음 때문에 같은 금융사인 은행, 증권사와는 달리 보험회사는 설계사가 직접 내 집까지 찾아와서 상담을 해주는 경우가 많다. 보험은 몸에 문제가 생기거나 사망할 시 수령하게 되는 일반적인 인식의 보장성 상품과, 연금이나 변액유니버셜 보험 같은 저축성 상품으로 구분된다. 이 두 가지 중 일반적으로 사람들이 덜 부담스러워 하는 저축성 상품에 대해 먼저 이야기해 보자.

눈덩이처럼 굴러라 나의 연금아

뽀로로가 언덕에서 눈덩이를 만들어 언덕 아래로 굴리면, 그 눈은 스스로 계속 굴러가며 점점 더 커지게 된다. 그렇다면 그 눈덩이는 언제 굴리는 게 좋은가? 이것이 복리로 운영되는 연금 이야기이다. 현명한 부자들은 자녀, 손자에 대한 연금상품까지 미리 가입해둔다. 어떤 여성분은 결혼 후 자녀를 낳으면서 다니던 회사를 그만두었다. 다른 경력단절 여성과 다른 점이 있다면, 이 여성분은 집에서 살

림만 하고 있음에도 불구하고 45세부터 100만 원 가까운 돈이 매달 들어온다. 심지어 죽을 때까지 들어오는 돈이라고 하니 부러울 뿐이다. 그분의 어머님은 이 여성분이 고등학교에 올라갈 때 자녀 이름으로 연금을 가입시켰다고 한다. 17세부터 37세까지 20년간 매월 납부한 연금을 8년간 숙성시켜 45세부터 연금을 타기 시작했다는 건데, 가입시켜준 어머님은 그 연금에서 본인이 죽을 때까지 50만 원을 용돈으로 달라는 조건을 걸었고 그 연금이 종료되는 시점은 딸이 나이 들어 죽을 때까지 받을 수 있도록 넉넉하게 잡았다. 저축을 대물림한 것이다. 한때 유행했던 방법인데, 어머님 이름으로 연금을 가입하면 죽을 때까지 받아도 몇 년 못 받지만, 딸은 더 오래 살면서 길게 받을 수 있으니 이런 방법으로 연금을 가입한 것이다. 상품은 동일하다. 어떻게 활용할지, 그것이 중요한 것이다.

이렇게 사전 증여를 통해 자산을 대대손손 이어가는 그들이 사용하는 투자방법 중 하나는 변액유니버설 보험이라는 것이다. 은행보다 증권사를 찾고 저축보다 주식을 선호하는 이유는 수익률 때문일 것이다. 보험회사에 저축할 때, 복리라는 운영방법이 있지만, 본인의 투자 성향에 맞게 저축한 것 이상의 수익을 원한다면 변액보험에 가입하여 납부한 금액을 본인 니즈에 맞게 투자상품을 전환하며 저축하는 것도 방법이다. 보험회사의 별VUL이라 불리는 변액유니버설 보험이다. 자본시장 통합법으로 은행이 가진 입출금 기능과 증권사가 가진 주식(변액), 보험이 가진 특성을 모두 합친 가장 완벽한 상품이라 이야기한다. 물론, 이는 만기까지 상품을 유지했을 때 그렇다는 이야기다. 투자 기간과 혜택을 누릴 수 있는 기간이 너무나 먼 미래이기 때문에 만기까지 기다리는 비율이 매우 낮은 게 변액유니버셜 보험의 문제다.

이 상품은 무조건 큰 금액이 아니라 유지 가능한 금액으로 빠르게 확보해 두는 것이 도움이 될 것이다. 최소 10만 원부터 매월 납입하는 형태이고 납입이 아닌 적립된(수수료 선납 구조) 금액에서 50% 자유 입출금이 가능하고, 이 수익은 펀드 채권 또는 주식 비율을 조정하며 증대시킬 수 있다. 나이가 들어 만기가 된 이 상품은 목돈으로 수령하거나 연금으로 전환할 수도 있다. 변신 로봇처럼 나의 필요에 따라 활용이 가능하며 수령 시 비과세라는 혜택도 가질 수 있다. 앞서 언급되었던 선취수수료 구조이므로 중도 해지 시 납입한 원금을 아예 돌려받지 못할 수도 있는, 유지해야만 혜택을 가져갈 수 있는 상품임을 명심해야 할 것이다.

유대인들은 자녀의 성인식에 모아둔 그의 몫을 전달하면서 학업을 이어갈지 사업을 할건지 선택할 수 있는 기회를 준다고 한다. 어릴적부터 이런 금융상품들을 가르쳐주며 돈을 활용하는 방법을 부모에게 배운 현명한 유대인들은 다른 사람이 기다리기 힘든 장기저축 만기의 열매를 이미 경험해 보았다. 그 결과, 자신의 미래를 스스로 결정할 수 있는 기회가 생긴다. 복리로, 시간으로, 자신의 자산을 불리는 보험이라는 금융사는 고객의 다양한 수요를 반영하여 은행의 입출금 기능인 유니버셜 기능과 증권사의 투자기능인 변액과 보험 상품을 합쳐서 가장 완벽한 상품을 만들었다 이야기한다. 자산가들은 이렇게 보험의 저축상품을 활용하지만 이것을 누리기 위해서 우리는 시간이라는 엄청난 어려움을 장애물을 건너야 한다. 부자들은 결코 손해보는 장사를 하지 않는다. 우리도 따라 할 수 있는 부분이 있다면 실천해보는 것이 좋을 것이다.

보험 하나도 현명하게 들어야 나중에 고생 안 한다

다음은 보험의 보장성 상품에 대한 이야기를 해보자.

누구나 아는 사실과 아무도 모르는 사실이 있다고 한다. 누구나 아는 사실은 '사람은 언젠가 죽는다'는 사실이고 아무도 모르는 사실은, 그것이 '언제 어떻게 죽는지 아무도 모른다'는 것이다. 금융사는 고객이 원하는 것과 필요한 것을 늘 고민하며 새로운 상품을 개발한다. 다음 항목은 사람에게 필요한 부분이지만 사람들이 인지하지 못하는 영역이라 할 수 있겠다.

어쨌든 우리가 보험을 들어야 하는 이유

보험회사는 생명보험회사와 손해보험회사로 구분되는데, 사망 시 가족에게 남기는 사망보험이나 연금 수령 시 세금이 면제되는 연금은 생명보험회사에서 취급되고 자동차보험, 화재보험 그리고 소득공제 연금은 손해보험회사에서 가입이 가능하다는 점도 참고하자. 소득공제 연금은 당장 돌려받을 수 있는 혜택처럼 보이지만, 나이가 들어 연금을 수령하게 되면 그때 세금이 나간다는 점을 기억해야 하기에 조삼모사라는 점도 알고 가입하는 것이 도움이 될 것이다.

사망 시 가족에게 남길 수 있는 보험은 손해보험의 경우 대부분 나이가 80세로 설정되어 그 이후 사망 시에는 받을 수 없다는 점도 알고 있어야 한다. 생명보험의 경우는 100세 이후에 사망해도 약속된 사망보험금을 주기에, 해지만 안 한다면 가입한 것이 무조건 이익이 된다. 앞서 한번 예시로 들었던(3부 2장) 의사의 경우를 다시 한 번 생각해 보자. P사에 월 200만 원을 납입하며 사망 시 10억을 받기로 한

의사 고객이 보험 가입 후 16시간 만에 사망하여 100만 원만 납입하고 유족들이 10억을 받았다는 뉴스 말이다. 가족에게 부동산이나 유산으로 세금을 뗀 후 자산을 전달하는 것보다, 생명보험에 가입하여 자산을 전달하는 게 숫자로는 가장 큰 이익이 될 수도 있다.

아파서 병원에 갈 경우에도 보험회사에서 혜택을 받을 수 있다. 손해보험은 입원 1일부터 입원료를 주는데 생명보험은 4일째부터 지급되는 등 상품별 차이가 있다는 점도 참고하여 가입해야 나중에 손해 보는 느낌을 받지 않을 수 있다. 사회생활을 하면 의료실비가 되는 보험을 청약저축만큼 많이 추천받을 테지만 필자는 조금 다른 생각을 가지고 있다. 우리나라가 세계에서 의료보험이 가장 잘 되어 있기에 병원비의 1/10만 내면 되는 구조인데 그 돈까지 되돌려받으려 보험에 가입하는 형태이기에 개인적으로는 사망 시 수령하는 보험에 더 큰 우선순위를 두어 이야기한다. 아프면 나오는 보험 상품은 생명보험회사에서 가입 시 큰 질병에 대해 더 보장을 강화해놓았기에 손해보험과 교차하여 현명하게 가입해야 상황별 혜택을 모두 누릴 수 있을 것이다.

좋은 보험설계사를 보는 눈

혹 가족 중 암이나 큰 병에 걸려서 대비하고 싶다면 생명보험을 통해 큰 보험료를 준비하고, 잦은 병원 출입으로 병원비와 약값이 많이 나오면 손해보험을 통해 입원 첫날부터 보험료를 받도록 대비해야 한다. 보험 설계사의 경우 생명보험보다 의료실비를 먼저 추천하는 이유가 있는데 그것이 싸고 고객과 접촉점을 만들기 용이하기 때문이다. 금액이 덜 부담스러우니 가입시키기가 쉽고, 병원이나 약국에 갈 확률이 큰병에 걸릴 확률보다 높으니까 일단 가입시킨 후 큰 상품은 다음에 가입시키는 형태이기에, 나를 위해 제대로 추천을 해 줄 수 있는 진정성 있는 전문가를 만나야 할 것이다. 그 판단 기준 가운데 하나로 생명보험협회에서 발급하는 우수보험설계사 인증을 참고할 수 있다. 대부분의 사람들은 MDRT(억대연봉자)라는 타이틀로 자신을 보험전문가, 금융전문가라 과시하는 경우가 많은데, 이것은 그만큼의 수익을 낼 수 있는 영업력을 인정해주는 타이틀이지 좋은 보험설계사라는 판단기준과는 다르다. 우수보험설계사 인증은 동일회사 3년 이상 재직 중이며, 고객의 보험 가입 후 유지율이 90% 이상, 불완전판매, 모집질서위반, 보험사기 없는 사람에게 주는 타이틀이다. 1년 내에 억대 연봉을 달성하는 영업맨이 아닌 전제 보험설계사의

10.5% 정도 비율의 최소한의 안정성을 보유한 보험전문가에게 나의 필요를 맡기는 것은 어떨까 싶다. 보험은 영업하기 좋은 순서가 아니라 나의 건강과 가족력을 먼저 물어보고 걱정되는 부분부터 준비시켜주는 사람이 진짜 전문가인 것이다.

보험 상품의 경우 가입 전 반드시 부모님과 상의하는 것을 추천한다. 그 이유는 나도 모르게 부모님께서 가입해 놓은 것들이 있을 수 있기 때문이다. 지금은 실명제가 강화되어 본인이 있어야만 하지만, 예전에는 부모님께서 대신 가입해 둔 경우가 종종 있었다. 보험을 스스로 준비하는 경우가 드물다면 역시 지인을 통해 가입하는 경우가 시작이 될 것이다.

필자의 경우는 일단 친구에게 가입하는 것은 추천하지 않는다. 영업을 시작한 친구 입장에서는 당장의 실적이 필요해 친구를 먼저 찾아왔을 테지만, 문제는 그 친구의 전문성이다. 내가 수년 뒤 필요할 때 그 친구가 회사를 그만둘 확률이 높기에 서운해할 친구에게 미안하지만 보험영업 2년이 될 때 꼭 하나 가입하겠다고 약속하고 전문가에게 가입하기를 추천한다. 왜냐하면 보험은 10년 이상의 시간을 유지해야 하는 초장기 상품이기 때문이다.

필자가 생각하는 보험 전문가는 상품 설명을 잘하는 사람이 아니다. 그것은 당연히 알아야 하는 것이고 상품 설명 전 나를 잘 파악하는 사람, 내 얘기를 잘 들어주는 사람, 그리고 보험이 고객에게 왜 필요한지 전문가로서의 철학을 가진 사람이 전문가이며 관리도 더 깊다고 생각한다. 상품은 크게 다르지 않다. 금융감독원에서 검증하고 확인해서 기업끼리 경쟁하며 더 좋은 상품들을 만들었기 때문이다. 모델이 입은 옷이 나에게는 멋진 옷이 아닐 수 있듯, 내게 어울리는 것을 찾아 주는 파트너, 전문가가 곁에 있다면 살아가는 동안 큰 도움을 받을 수 있을 것이다.

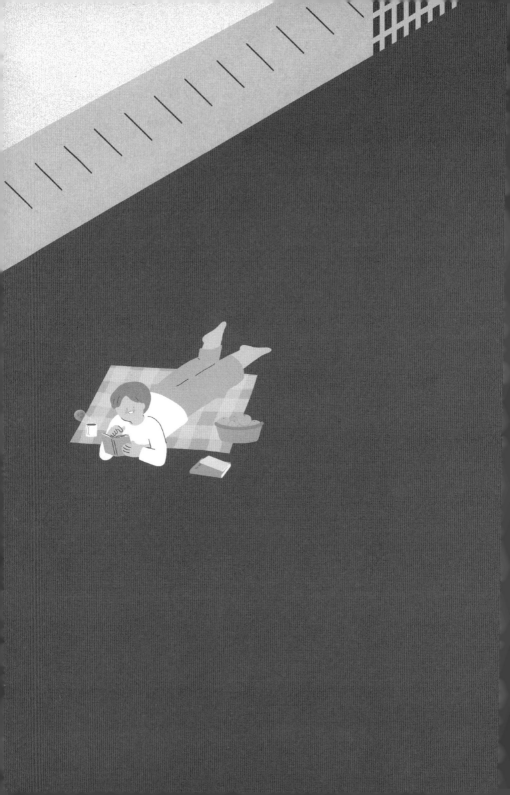

돈은 습관이다

01장

네가 하면 투기, 내가 하면 투자?

우리는 계속해서 고민할 것입니다

'내가 잠들어 있는 동안에도 돈이 일하게 하라!'

이 이야기는 크게 2가지 의미를 가진다. ①당신의 수입원이 움직일 때만 나오는 것이라면, 평생 일해야만 먹고살 수 있을 것이다. ② 제한된 시간에 체력적으로 만들어내는 수익은 한계가 있으니 당신은 결코 부자가 될 수 없다. 매장을 지키고 앉아서 방문하는 고객 한 분 한 분을 친절히 응대하는 구조라면 내가 쉬는 동안 가게 문은 닫혀 있어야 한다. 하지만 인터넷에 게시된 상품은 내가 잠자는 동안에도 고객들이 방문에서 제품을 구입할 수 있다. 내 분야에서 최선을 다하고 그 수고로 소중한 수익을 만들어냈다면, 우리는 저축된 돈이 또 다른 친구를 데리고 올 수 있도록 길을 만들어 주어야 한다는 것이다. 저금하지 말고 투자하라는 말은 투자신들의 조언이고 분명한 진리지만 초보인 우리는 아직 그 의미를 소화할 수 있는 근육이 만들어지지 않았다. 어렵게 모은 소중한 내 자산을 소문에 투자해서 날리는 경우가 비일비재하기 때문에, 우리는 투기와 투자를 구분할 수 있어야 한다.

투자 관련 사이트에 회원가입을 하거나 대출문의를 하고 나면 수많은 스팸 문자가 날아온다. 내 개인정보가 노출된 것이 분명하다. 스팸 문자들의 괴롭힘 속에 그 내용을 살펴보면 월 500만 원 버는 게 너무 쉽고, 1,000만 원으로 1억을 만드는 건 너무나 당연하다고 이야기한다. 그들이 이야기하는 그 액수는, 수많은 어려움을 참고 견뎌낸 뒤 어렵게 월급을 받고 그 돈을 또 아끼고 아껴서 저축해도 만들기 어렵다는 것을 머리로는 안다. 그것이 현실이지만 벗어나고픈 욕구는 그 사실을 외면하고 현혹되어 너무 쉽게 내 돈을 내어주고 만다.

우리 초보는 아직 그런 정보의 사실 유무를 판단할 지혜를 갖지 못했다. 이런 정보에 궁금해할 것이 아니라 나의 성장에 관심을 가지고, 더 어려운 방법으로 천천히 올라가는 투자를 실천해야 지속 가능한 건강한 돈 관리 근육이 완성된다. 1년 넘게 열심히 관리했지만 한순간에 무너지는 그 위험요소를 우리는 관리해야만 한다. 잃어버린 할아버지가 유산을 남겨주거나 로또 1등에 당첨되지 않는 한, 우리는 평생 돈 관리를 해야 할 것이다. 당장의 편안함이 아닌 지속 가능한 방법을 우리는 고민해야만 한다.

당장 모아 둔 돈으로 좋은 투자 방법을 실현해서 수익을 늘리고 싶은 마음은 너무나 공감된다. 그래서 시중의 수많은 투자전문가와 투자 관련 책들과 교육 영상을 찾아본다. 하지만 그중 누가 최고라고 말할 수 없고, 일단 어떤 것이든 공부하라고도 말할 수 없다. 필자가 경험해 본 바 초보는 무엇이 좋고 합당한지 그 기준조차 없기에 정보를 분별할 수 없기 때문이다. 그래서 지인들에게 물어보지만 그들이 추천해 준 정보는 내게 적합하지 않음을 깨닫게 된다. 그들은 내 속마음과 상황을 알지 못하기에 내게 무엇이 적합한지 모르고 추천하기 때문이다. 누군가의 맛집이 내게는 그다지 매력적이지 않듯이, 각자의 취향과 적합함은 다를 수 있다. 초보인 우리는 이러한 방법을 추천받기에 앞서 선행작업이 필요하다. 그것은 바로 '유지하는 힘'을 갖는 것이다. 그렇다면 유지하는 힘이란 무엇일까?

유지하는 힘을 기르기 위해 습관적으로 훈련하라

최고의 투자로 불리는 것 가운데 빌딩, 부동산 투자 등이 있을 것이다. 수치로만 본다면 수익률은 좋으나 무조건 이것만 목표로 돈을 모으면 돈 굴리기는 평생 한 번도 못해 본 채 끝날 수 있다. 나의 종잣돈 규모에 따른 적합한 투자 방법을 고민해야 한다. 그리고 그에 앞서 돈 굴리는 자들이 배워야 할 것은 '기다리는 습관'이 아닐까 싶다. 손실이 눈앞에 펼쳐지고 있지만 투자한 종목이 오를 것이라는 확신을 가지고 코스트 에버리지(추가 투자)를 실현하는 것, 손절(손실이 더 커지기 전에 포기하고 퇴장하는 것)하고 절반이라도 원금을 되찾고 싶지만 다시 주식이 상승할 것을 확신하며 기다리는 것……. 그것은 본인에게 확신이 있는 사람만이 할 수 있다. 우리는 그런 불안한 상황에 흔들릴 수밖에 없다. 지식이 없고 확신이 없으니 그 투자를 추천한 이에게 다가가서 '어떡하면 좋냐'고 수없이 묻고 한숨 쉬고 매달린다. 그것밖에 할 수 있는 것이 없다. 이를 넘어서기 위해 '유지하는 힘'이 필요하다. 주변이 무너져도 나는 내가 지금 해야 할 일을 한다는 평정심을 가져야 장기적인 돈 굴리기에서 승리할 수 있다. 이를 위해 평소 습관적인 훈련이 필요하다.

복싱을 20년 넘게 해 오던 H씨가 경찰서에 갔다 왔다는 이야기를 들었다. 지인과 식사 중 술에 취한 사람이 휘두른 주먹에 맞은 뒤 무의식적으로 원투 펀치가 튀어나와 상대를 기절시켰다는 것이다. 우리가 연습해야 할 훈련도 이와 비슷하다. 위기 상황이 오면 무의식적으로 원투, 다음 행동이 자동으로 실천으로 이어지게 평상시 훈련하자는 것이다.

투자는 은행 이자보다 많고 물가상승률보다 많으면 좋은 것으로 보고 욕심의 기준을 낮추자. 그 이상은 투기라고 정의하자. 보수적인 돈 굴리기가 우선되어야 한다. 추천받은 것을 당장 실행하는 것이 아니라 나름대로 알아보고 공부하고(타이밍이 중요하니 그때는 늦은 게 되겠지만, 그건 내 지식으로 얻은 수익이 아니니까 투자가 아니고 투기라고 정의하는 게 옳다) 당장 수익은 얻지 못하겠지만 추후 수익을 낼 수 있는 진짜 나의 근육을 키워야 한다. 10년 넘게 이 조언을 흘려들었다. 수많은 아픔과 손실을 지나고 나서야 받아들였는데, 더 일찍 이 조언을 수용했다면 나의 지금은 어떨지 후회되기도 한다.

그래서 여러분은 나처럼 돌아서 가지 않았으면 한다. 돈 굴리기는 한 사이클을 넘어 봐야 그림을 그릴 수 있다. 봄, 여름, 가을, 겨울처럼 시절을 지나는 것도 있다. 시장을 조사하고 판단해서 투자를 실천하고 손실도 이익도 경험하며 한 사이클을 지나 봐야 한다.

처음 카지노에 놀러 갔다가 한 달 월급을 번 지인은, 종종 놀러 가서 지속적으로 기부를 실천하고 있다. 처음의 좋은 기억 때문에 또 다시 그리로 발을 들여놓지만, 이후는 계속 손실로 월급의 몇 배는 잃었을 것이다. 처음의 좋은 기억이 전부인 것으로 착각할 수 있지만, 좋은 기억과 슬픈 기억을 2차례, 3차례는 경험해 봐야 이것이 한 사이클이 되고 나의 돈 굴리기 개념도 한 단계 더 올라간다. 이 과정은 조급한 상황에서는 결코 실현할 수 없다. 그걸 아는 게 매우 중요하다.

돈 관리에 있어서 가장 중요한 한 가지를 꼽는다면 그것은 고정 수입이라 할 수 있겠다. 지속적으로 들어오는 수입으로 인해 삶을 안정적으로 이끌 수 있어야만 투자에 대한 안전한 시작이 가능하다. 금융기관에서 신용이 좋지 않은 사람을 선호할 수 없는 이유는, 눈앞의 이익에 흔들릴 확률이 상대적으로 높기 때문이다. 점심시간에 몰려드는 손님을 맞이하기 전 직원들이 하는 것은 먼저 배를 채우는 것이다. 본인의 필요를 기본으로 채우고 난 뒤에야 다음 단계가 진행되듯, 조급하지 않은 안정적인 돈의 흐름을 만들어 놓은 뒤 돈 굴리기는 시작되어야 한다.

저축은 안정적 흐름을 만들면서 병행되어야 하지만, 투자는 이와 다르다. 위험요소에서 판단할 수 있는 이성적인 기준을 유지하려면 안정감은 필수다. 종잣돈 크기에 따라 투자할 수 있는 종목이 다르듯, 우리가 가진 돈 관리 능력에 따라 투자할 규모도 달라질 것이다. 우리는 꾸준히 성장하고 종잣돈을 키워야 한다. 이후에 일어날 돈 굴리기를 대비해서 안정적인 돈의 흐름을 반드시 유지하도록 하자.

02장

로또 없이 인생 역전하려면

모든 것에는 순서와 단계가 있다

'로또'라는 일확천금 기회가 생긴 뒤 많은 사람들의 생각이 바뀐 것 같다. '티끌 모아 태산'은 성실함보다 무모함으로 인지되며, 많은 돈이 투기 형태로 유입되고 사회적으로 문제를 많이 일으킨다. 그 모든 것은 본인의 선택이다. '뱁새가 황새걸음을 걸으면 가랑이가 찢어진다'는 속담처럼, 일의 결과는 스스로 책임질 수밖에 없다. 그리고 우리는 인지해야 한다. 우리는 뱁새도 될 수 없는 초보라는 사실을 말이다. 뱁새의 단계를 위해 우리는 먼저 인지해야 할 것이 있다.

티끌이 태산이 되는 과정은 단계별로 방법이 다르다. 티끌을 처음 모으는 1단계는 일단 무조건 모으는 것이다. 눈에도 잘 보이지 않는 티끌이 콩알만큼 모여 덩어리를 만들 수 있을 때 2단계가 시작된다. 2단계는 콩알을 시기별로 구별해서 모이는 평균 속도를 계산해 보며, 그 콩알의 크기를 더 크게 키우는 것이다. 3단계는 달걀만 하게 모인 티끌을 종류별로 구분하고 전략적으로 크기를 키울 방법을 모색하는 것이다. 4단계는 핸드볼만 한 공을 언덕에서 굴리고 덩어리가 눈덩이처럼 더 커지게 키우는 것이다. 결론! 티끌 모아 태산은 단계별로 모으는 방법이 다르다!

무조건 열심히만 지내기에는 상황과 기회가 달라진다. 작은 구멍가게를 중소기업으로 키운 사장이 계속해서 똑같은 방법으로 기업을 운영하면 예측하지 못한 사고가 자꾸 발생한다. 분명히 이전에 해 봤던 건데, 운영하는 크기가 다르니 그와는 다른 방법을 시장이 요구하는 것이다. 시중에 나온 수많은 자료들은 대부분 3단계의 주식 투자 종목의 운영 방법이나 4단계의 부동산 투자 등 보이지도 않는 먼 미래의 방법들이다. 막연하게 지금은 아니라고 눈을 감고 있자는 것이 아니라, 여름부터 겨울옷을 고민하지는 말자는 것이다. 지금은 내 자산을 굴리는 대신 나 자신을 굴리는 방법 자체를 고민해야 한다.

나의 20대는 내가 모두 잘 될 것이라고 믿는 꿈이 많은 시기였다.

정말 열심히 살면 나도 부자가 되어 효도도 하고 사랑하는 사람이 원하는 건 모두 해 줄 수 있으리라 생각했다. 그러나 오랜 시간이 지나 깨달았다. 일반 행정직의 24시간 단가와 프로그래머의 24시간 단가에는 큰 차이가 있다는 것을! 시장별로 유리천장은 존재한다. 그 시장의 천장을 깨는 상위 1%는 정해진 단가보다 높은 수익을 얻을 수 있겠지만, 시작점을 살펴보면 직업별, 기업별로 초봉부터 차이가 난다.

우리는 계속 더 크게 성장할 것이다. 아직 돈을 관리해 나가는 성향이나 키워가는 스타일은 배워가며 변화될 것이다. 하지만 그 기초가 되는 근육은 동일하다. 목표가 생기면 달성하기 위한 과정이 있을 것이고, 그 과정 동안 변화에 대응하며 현장을 유지해가는 성실함이 요구될 것이다. 우리는 그 과정 가운데 미래의 변화에 적응할 수 있는 근육을 키워야만 한다. 그래야 더 성장했을 때 열매를 지속시키고 키워갈 수 있다.

그 티끌은 결국 나의 금융 근육이 된다

티끌을 나의 근육으로 전환시키려면 목표 금액을 달성하고 시간을 단축하는 과정을 반복해야 한다. 잔돈으로 1만 원을 모으고, 10만 원을 모으는 것. 그리고 10만 원을 모으는 데 걸린 시간을 기록하고 그 소요된 시간을 줄여서 또 10만 원을 추가로 모으는 것. 그 목표 금액을 모으는 데 발생하는 어려움이나 문제점은 해결하고 다음 모으기에선 더 시간을 단축하여 금액을 올린다. 다음은 50만 원, 그리고 100만 원. 매월 얼마씩 저축하고 용돈에서 추가로 어느 정도 절약해서 추가 저축이 되는지 나의 지출 패턴을 살펴본다. 저축액이 부족해졌으면 어떤 지출이 C지출로 후회되는지, 그 반복도는 어떠한지 의식적으로 제어하고 저축 금액을 늘려가야 한다.

아직은 모인 돈을 굴리는 형태의 능력도 경험도 없는 초보지만, 처음 기본이 되는 눈덩이가 딴딴하게 뭉쳐져야, 다음엔 안정적이고 단단하게 붙여 더 큰 눈덩이를 만들 수 있다. 지금은 불리기보다 모으는 속도를 높이고 안정화시키는 것을 목표를 삼는 것은 어떨까? 현재 모든 재산을 리셋reset하고 다시 돈을 모으기 시작해도, 부자는 또 부자가 될 확률이 매우 높다고 한다. 우리의 돈 모으기 근육이 단단해지면 추후 투자에 실패한다 해도 다시 시작하는 데 누구보다 탁월한 능력을 발휘할 수 있게 될 것이다.

필자 또한 계속 성장해가는 중이다. 누구에게나 시작은 있었을 것이기에 부족한 지금 이 바닥을 단단하게 다져가는 중이다. 더 높은 도약을 위해서는 디딤판이 필요한데, 그동안 티끌로 만든 이 발판을 계속 더 높은 곳으로 올려서 나아갈 것이다. 티끌이 모여서 콩알이 되는 1단계가 가장 어려웠던 것 같다. 해 보지 않은 것이기에 어려움이 있었고, 도와주려는 귀인이 나타나도 무엇을 물어봐야 할지 질문조차 찾지 못했다. 이 시행착오들이 모여 2단계, 3단계 올라가는 중엔 발생하는 문제를 해결할 수 있는 응용력도 생겼다.

티끌을 모으는 과정 중엔 먼지만 보이는 것 같아 폼도 나지 않고 자존감이 떨어져서 있는 척도 많이 했다. 하지만 그건 속 빈 강정과 마찬가지이기에 나를 다시 무너뜨리고 새롭게 시작해야만 했다. 보여주는 것은 진짜 내 것이 아니다. 진짜 나의 힘은 그들이 보게 되는 것이기에, 더 이상 잘 보이려 애쓰지 않는다. 그냥 살아간다. 나아가다 보면 그들이 그런 나를 바라봐 준다.

이 책을 보고 있는 당신은 나와 같이 지금보다 나은 무언가를 위해 시작하려는 사람일 것이다. 그런 당신이 티끌을 모으는 이 과정과 함께 꼭 병행했으면 하는 것이 있다. 우리는 더 벌어야 한다. 아끼는 것만으로는 더 높은 세계로 나아갈 수 없다. 지금 있는 공간에서 조금 더 편해질 뿐, 다른 이들이 누리는 그 세계로 나아가기 위해서는 나의 경력을 관리하고 수익을 관리하여 지출할 여력을 높여야 자존감이 올라간다. 주어진 것에 성실하게만 대응하면 우리는 또 한 번 한계에 부딪히게 된다.

꾸준한 노력을 통해 얻을 수 있는 것

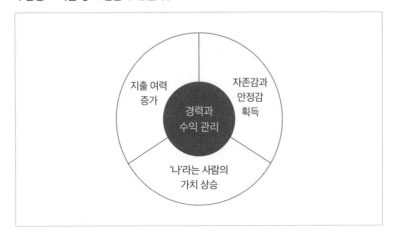

자산이 늘어나고 수입이 늘어나서 내가 할 수 있는 것들이 더 많아져서 누릴 수 있는 것들이 다양해진다. 돈을 관리해서 좋은 것은 안정감이 생긴다는 점이다. 그러면 내가 해야 할 일에 더 집중할 수 있다. 없는 돈을 더 쪼개야 하는 상황을 벗어나니 그때 사용되던 시간과 에너지를 나의 미래를 위해 사용할 수 있게 된다. 그래 봤자 모을 수 있는 건 아직도 티끌이지만 더 고급스러운 티끌들로 광택을 바꿀 수 있게 되는 것이다.

당장은 궁상처럼 보이고 하나하나 체크하며 계산하는 모습들이 그들에게 어찌 보일지 모르겠지만, 내 지인들은 지금의 나를 많이들

부러워한다. 더 이상 눈치 보며 후회되는 만남은 하지 않고 기분 좋
게 지출할 수 있는 만남을 찾아다닌다. 하나만 집중해서는 안 된다.
지금의 나는 티끌조차 아끼고 있지만, 미래의 나를 위해 기꺼이 투자
하며 나의 가치를 높여갈 것이다. 그것이 내가 지금 돈을 관리해야
하는 이유다.

세금이라는 이름의 밑 빠진 독

돈이 모인다면, 이제는 절세다!

　우리는 대한민국에 거주하며 내 것이 아닌 것들을 자유롭게 사용하며 일상을 영위하고 있다. 도로와 집 앞 거리, 주변 공원이나 공중화장실, 치안과 안전, 청결한 집 앞 쓰레기 처리 등등……. 국가는 내 수입에서 지정된 비율만큼 가져간 세금을 모아 공공시설을 운영한다. 그 운영에 필요한 인건비 또한 우리가 낸 세금으로 굴러가는 것이다. 일단은 누리고 있으니 그 지불은 당연한 것이라고 하고, 원래 받기로 했던 월급은 세전(세금 납부 전) 금액이라며 또 떼어가는데, 앞으로 수익과 저축액이 늘어난다면 절세에 대해서도 반드시 알아야만 한다.

절세 방법은 다양하다고 말하지만, 월급 받는 우리에게는 지금 당장 그렇게 와닿지는 않을 것이다. 절세는 보유 금액이 많을수록 그 혜택이 크기 때문이다. 최근 만나게 된 한 대표님은 법인세를 줄여서 몇억을 아꼈다며 좋아하시지만, 우리는 법인(회사)도 없고 수백억의 매출도 없기에 그것이 얼마나 좋은지 전혀 느낄 수가 없다. 다만, 세금이라는 이름으로 내 통장에서 빠져나가는 세금을 보고 있노라면 이상하게 마음이 불편하고 아깝다는 생각을 해봤을 수도 있을 것이다.

또한, 여러분이 경제 활동을 하고 있다면 연말정산을 하며 돈이 입금되는 경험도 한 번쯤 해봤을 것이다. 연말정산은 한 해 동안 고생한 국민에게 국가가 주는 보너스가 아니다. 국민들의 소득을 모두 계산해서 나중에 세금을 산정하면 너무 많은 에너지와 시간이 소요되니, 소득에 일정한 비율을 두어 먼저 세금을 떼어간 뒤 개인별 절세 정도에 따라 세금을 되돌려주는 것이다.

그러니까 소득구간에 따라 내가 납부하는 세금 정도를 파악하고, 합법적인 방법으로 내가 낸 세금을 되돌려 받는 금액을 늘리는 방법을 알아보아야 할 것이다. 제도를 이해하는 것은 복잡할 테니 젊은 독자들에게 와닿을 만한, 저축하듯 실현해나갈 수 있는 절세상품을 소개해보도록 하겠다.

절세상품은 크게 '소득공제'와 '세액공제' 2가지로 나눌 수 있다.

① 소득공제: 세금이 설정되는 기준값을 줄여주는 것.
② 세액공제: 지정된 세금 자체를 줄여주는 것.

즉, 서로 차감되는 부분이 다른 것이다. 이를 적용하기 위해서는 본인의 과세표준을 파악해야만 하니 청구하는 종합소득세 세율표를 살펴보자.

종합소득세 세율(2023년)		
과세표준	세율	누진공제
1,400만 원 이하	6%	-
1,400만 원 초과~ 5,000만 원 이하	15%	126만 원
5,000만 원 초과~ 8,800만 원 이하	24%	576만 원
8,800만 원 초과~ 1억 5,000만 원 이하	35%	1,544만 원
1억 5,000만 원 초과~ 3억 원 이하	38%	1,994만 원
3억 원 초과~ 5억 원 이하	40%	2,594만 원
5억 원 초과~ 10억 원 이하	42%	3,594만 원
10억 원 초과	45%	6,594만 원

응? 이게 뭐지? 라고 생각하는 독자분들도 있을 것이다. 또한, 표에 기제된 과세표준이 내가 받는 소득과 조금 다르지도 모르겠다. 아래의 예시를 통해 나의 과세표준 금액 계산 방법을 살펴보자.

근로소득 5,100만 원을 받는 경우, 세 번째 과세표준인 5,000만 원 초과~8,800만 원 이하인 '24%'의 세율에 적용받는 것으로 보이지만, 실제 구간은 그렇지 않다. 혼자 사는 경우 기본으로 인적공제 150만 원을 받는데, 그렇게 되면 과세표준은 4,950만 원으로 두 번째 구간(1,400만 원 초과~ 5,000만 원 이하)의 '15%' 세율을 적용받는 것이다. 공제를 받으니 9%의 세금이 줄어든 셈이다.

결론적으로 근로소득 5,100만 원에 기본공제 150만 원(부모님,가족 등 부양가족 있으면 더 많음)가 적용된다.

5,100만 원 - 150만 원 = 과세표준 4,950만 원 × 15%

금액이 애매하게 넘어서서 세율 구간이 달라지는 경우 소득이 많은 고소득자는 그 부담이 훨씬 커지기에, 먼저 소득공제를 충분히 활용하기 위한 공제 항목 분석을 더 꼼꼼히 해야 할 것이다. 그 뒤 세액공제가 가능한 절세 상품을 활용하여 구간을 낮추는데 잘못된 계산으로 피해를 보는 경우도 종종 발생한다. 아래의 실수들을 살펴보며 내 경우는 어디에 해당이 되는지 분명히 파악하도록 하자.

실수의 예시

1. 배우자 관련
  1-1) 연간 소득금액이 100만 원을 초과하는 맞벌이 부부는 배우자 각각 공제 불가
  1-2) 연도 중간에 퇴직한 배우자 연간 소득금액 100만 원 초과 시 배우자 공제 불가
  (위 2가지 경우 모두, 근로소득만 있는 경우에는 총 급여액 500만 원 초과 시)

2. 자영업자 관련
  자영업자 남편의 연간소득금액이 100만 원을 초과하는 경우 배우자 공제 불가

3. 부양가족공제 관련
  3-1) 맞벌이 부부가 연말정산 시 만 20세 미만 자녀 공제를 중복하여 부양가족공제 불가
  3-2) 3남매 각자가 주민등록 별도로 되어있는 부모님을 '부양가족공제'하는 경우 불가
  [공제는 대상자 중 1명만 가능. 근로자 본인과 주민등록이 같이 되어있지 않은 직계존속에 대한 부양가족공제는

당해 실제 부양하는 경우만 적용 가능하고, 등재되어 있지 않은 경우에는 실제 부양하고 있다는 사실 및 다른 형제(직계존속)에 대한 부양가족 공제를 받고 있지 아니함을 객관적으로 입증할 수 있는 자료를 제출해야 함]
3-3) 자영업 등 독립적 생계를 유지하는 부모를 부양가족으로 소득공제 불가

소득공제부터 알아보는 가장 대표적인 절세 상품

절세에 직접적으로 영향을 주는 상품들을 살펴보자. 절세 상품은 크게 네 가지를 알면 된다.

'ISA(개인종합자산관리계좌)', '개인형IRP(개인형 퇴직연금계좌)', '주택청약', '코스닥벤처투자'가 그것이다.

일단 소득공제 상품을 확인해 보자. 첫 번째, 가장 익숙한 상품으로는 주택청약 상품이 있다. 주택청약 소득공제 한도는 당해연도 납입 금액의 40%까지 연간 240만 원 범위 내(최고 96만 원 한도) 소득공제가 가능하다. 이 상품을 가입하는 데에는 조건이 있는데, 총 급여 7천만 원 이하 근로자로 해당 과세 기간 중 주택을 소유하지 않은 세대의

세대주여야만 한다.

추가적으로 청년우대형 주택청약종합저축이 사회 초년생들에게 추천되고 있는데, 청약통장은 하나만 가지고 있으면 되는 상품임으로 이미 부모님들께서 가입해두신 일반청약통장을 보유한 경우에는 '청년우대형'으로 갈아타는 것이 가능하다. 그 과정에서 전환 해지라는 절차를 거쳐야 하는데, 신규 상품으로 전환하려 기존 상품을 해약하는 경우 이전에 받았던 혜택을 뱉어내야 하는 경우가 종종 있기에 깊은 주의가 필요하다. 다행히 이 상품은 전환 해지 계좌에 납부했던 금액에 대해서도 공제가 가능하다고 한다. 다만, 청년의 주택 구입에 도움이 되는 상품으로 새롭게 만들어진 것이기에 기존의 일반청약통장과 다르게 몇 가지 조건이 추가된다.

실수의 예시

청년우대형 주택청약저축 가입 조건

① 가입(전환)일 기준 만19세~만34세
② 직전년도 신고소득(근로/사업/기타소득)이 3,600만 원 이하인 근로자로 다음 중 하나에 해당이 되어야 가입이 가능하다.

- 무주택인 세대주인가?(3개월 연속 세대주 유지_상품 가입을 위해 조건을 변경하는 경우를 대비하려는 추가 옵션),
- 3년 이내 세대주(3개월 연속 세대주 유지)가 될 예정인 무주택자- 해지 전까지 동사실 입증해야 우대금리 적용가능,
- 무주택세대의 세대원인가? 가입자의 주민등록등본 상 등재된 본인, 배우자 및 직계존비속 전원이 무주택이어야 함(형제,자매 제외)

기존 청약 저축에서 전환해야 할 이유는 다음과 같다.

① 이율이 기존 주택청약종합저축 이율보다 1.5% 더 크다.

하지만 단서조항이 붙는데, .가입일로부터 10년 이내에서 무주택 기간에 한한다는 조건과, 납입 원금 5,000만 원 한도 내(전환신규의 경우 전환원금 제외), .신규(전환)가입일로부터 2년 이상인 경우(단, 청약 당첨으로 인한 해지는 2년 미경과라도 적용)이다.

② 이자소득의 최대 500만 원 비과세(연 납입 원금 600만 원 한도)라는 이점이 있다.

이 또한 나이뿐 아니라 비과세 적용대상 조건에 충족되어야 한다. 자세한 사항은 아래와 같다.

- 신규(전환)일 기준 무주택 세대의 세대주
- 신규(전환)직전년도 총 급여액 3,600만 원 이하인 근로소득자 또는 종합소득금액 2,600만 원 이하인 사업소득자
- 신규(전환)시 무주택 확인서(청년우대형 비과세 신청용)을 제출하는 경우
- 신규(전환)일로부터 2년 이상 유지한 계좌(단, 국민주택규모 이하 당첨 해지나 특별 이주는 예외)..

'코스닥벤처 투자'는 위에서 소개한 4가지 상품 중 사람들이 가장 낯설어하는 것이다. 관련 펀드에 가입하면 투자금의 10%까지 소득공제가 되는 이점이 있다. 최대 한도는 300만 원인데 이 혜택을 보기 위한 조건으로, 투자자는 3년간 투자 자금을 유지해야 한다. 위 2가지 상품으로 소득공제를 대비했다면 이제는 세액공제 상품을 살펴보자.

세액공제로 마무리하는 가장 대표적인 절세 상품

IRP는 퇴직급여나 연말 공제 목적으로 돈을 넣는 퇴직연금계좌다. 통장에 700만 원 불입(납부) 시 15%인 105만 원까지 세액공제를 받을 수 있다. 아래 표를 살펴보면 몇 가지 조건이 있는데 700만 원이라는

불입액이 세액공제 대상이 되는 것이고, 15% 공제율인데 50세를 기준으로 적용금액과 공제율이 달라진다. 따라서 내가 해당되는 구간을 꼭 확인해 보아야 할 것이다. 이 상품은 세액공제 혜택을 위해 가입하는 것인데, IRP 안에 들어있는 여러 가지 상품이 운영되어 추가 소득이 발생한다. 그중 이자소득과 배당 소득에 대한 과세를 하지 않으니 세액공제와 이자소득, 그리고 이에 따른 '세금 이연'까지 3가지 혜택을 누릴 수 있는 것이다. 세금 이연이라는 부분은 세금 면제가 아니라 나중에 돈을 뺄 때 세금을 지정하는 것으로 그 시기가 뒤로 밀린다는 특징이 있으니 출금 전에 소득 구간, 인출 금액과 방법을 고려하여 세율이 오르는 부담에 대비하도록 하자.

불입액(퇴직연금 포함)			
종합소득금액	50세 미만	50세 이상	공제율
4,000만 원 이하	400만 원(700만 원)	600만 원(900만 원)	15%
1억 원 이하			
1억 원 초과	300만 원(700만 원)	300만 원(700만 원)	12%

IRP에서 인출하는 방법에는 연금과 일시금이 있는데, 일시금으로 출금 시 그 금액만큼의 소득이 발생되어 세금관련 이슈가 발생할 수 있으니 연금 형태로 매년 나누어 수령하는 것이 절세에는 이익이다.

특히 나이에 따라 연금 소득세율(연금형태로 소득이 생겼으니 소득에 대한 세금을 납부한다는 것)이 달라진다. 만 70세 미만은 5%, 80세 미만은 4%, 80세 이상은 3%로 고령일수록 납부하는 세금이 줄어드니 최대한 묵혀두는 것이 고객 입장에서 활용도가 높은 상품인 것이다.

절세 상품 마지막이자 세액공제 2번째 상품인 'ISA(개인종합자산관리계좌)'또한 가입 자격이 주어진다. 만 19세 이상 국내 거주자거나 직전년도 근로소득이 있는 만15세~ 19세 미만어야 하며, 직전 3개년 중 1회 이상 금융소득종합과세 대상이 아니어야만 한다. 위 조건에 모두 해당이 된다면 가입이 가능하다.

이 상품의 특징은 마트에 있는 쇼핑 카트를 생각하면 편하다. 카트를 밀면서 쇼핑을 하는데, 나의 투자성향과 당시 시장상황에 따라 내가 원하는 금융상품을 자유롭게 선택하고 교체하여 수익을 창출할 수 있는 것이다. 예적금, 펀드, ELS, ETF 같은 상품을 내가 원하는 방향으로 모아둘 수 있는데, 각 상품들의 운영 상태에 따라 합산된 금액에 대해 세금이 발생되는 것이다. 4개의 상품 중 어떤 상품은 10% 이익을, 어떤 상품은 5% 손실을 보면 합산된 이익은 5%가 되는데, ISA계좌의 수익에 대해서는 일반형 200만 원, 서민형 400만 원까지 비과세 혜택이 주어지고 그 이상 수익은 소득구간, 세액과 상관없이 9.9% 분리과세가 적용되는 것이다.

소득과 아울러 절세에 대한 부분도 이점이 있는데, 1단계, 2단계로 약간의 차이점을 가지고 있다. 1단계는 운영 중 발생된 순이익에 대해 과세가 되는 것이고, 2단계는 순이익 200만 원 까지(서민형은 400만 원 까지) 비과세이다. 초과되는 부분은 9.9%(지방소득세 포함) 분리과세가 이루어져서 금융소득 종합과세를 피해갈 수 있다.

ISA 서민형, 일반형, 농어민 가입 조건			
-	일반형	서민형	농어민
조건	서민형, 농어민 대상 외 전체	총 급여액이 5,000만 원 이하거나 종합소득 3,800만 원 이하	종합소득 3,800만 원 이하 농어민 거주자
비과세한도	200만 원	400만 원	400만 원

2단계의 서민형과 일반형, 농어민으로 구분되는 가입대상 기준은 위 표와 같다. 직전년도 총 급여 5천만 원 이하이거나 종합소득 금액으로 3,800만 원 이하라면 서민형으로 가입이 가능하다.

주식이나 코인으로 대박을 보아온 우리에게 은행에서의 2%나 3% 이자는 5% 물가상승률에 비해 매우 적게 느껴질 수 있다. 그런 우리에게 예금 금리는 낮지만 20~ 25% 소득공제 세액공제가 된다면 이자율 이상의 매력도 느낄 수 있다는 것이다. 처음 돈 관리를 배우는 우리 입장에서는 탄탄한 기초에서 단단한 종잣돈을 만드는 것이 중요하다. 요행으로 부어나는 돈이 아닌 정직하게 공부해서 아는 만큼 아끼며 나의 경력을 관리하여 수익을 늘리는 것이 옳은 방법일 것이다.

이것도 절세가 된다고? 받을 수 있는 건 다 받자!

자기 관리를 위한 교육비 사용도 세액공제 대상이다. 내가 혜택받을 수 있는 항목이 무엇인지 살펴보도록 하자. 교육비 세액공제란 연말정산 시 교육비 지출의 15%에 해당되는 금액을 종합소득 산출세액에서 공제하여 교육관련 세금을 덜어주는 제도이며, 본인과 배우자 포함된 부양가족까지 대상이 될 수 있다.

본인	배우자 및 부양 가족	장애인
전액 가능	대학생: 1인당 900만 원 한도	특수교육비는 전액 가능
대학원 교육비는 본인만 가능	취학 전 아동, 초,중,고 1인당 300만 원	일반교육비, 특수 교육비 중복 가능
직능개발훈련시설 (성실사업자는 공제대상자에서 제외)	보육시설, 학원, 체육시설은 취학 전 아동만 가능	–
등록금 관련 학자금 대출 원리금 상환액	학자금 대출은 교육비 공제대상에서 제외	–

일상에 지친 국민의 지속가능한 안정을 지원하는 '문화비' 또한 소득공제 대상이 된다. 여가 생활에 대한 지출은 개개인에게도 좋지만, 문화시설 활성화에도 도움이 되니까 잘 활용해보도록 하자. 근로소득자가 신용카드 등으로 도서, 공연 티켓, 박물관 미술관 입장권, 영화 티켓('23년 7월 결제분부터 적용) 및 신문 구독료 또한 연간 300만 원 한도 내에서 소득공제를 받을 수 있다(단, 전통시장, 대중교통 소득공제 포함). 기존 30%였던 문화비 신용카드 사용액 소득공제율도 연말까지 한시적으로 상향(40%)된다고 하는데, 아쉽지만 모두가 그러한 것은 아니고 공제가 가능한 조건이 있다. 총 급여 7,000만 원 이하 근로소득자이면서 신용카드, 직불카드 등 사용액이 총 급여의 25%가 넘어야 한다. 열심히 저축만 하여 카드사용 비율이 적으면 해당이 안 된다는 것이다. 그리고 문화비로 공제 적용을 받기 위해서는 근로소득자가 문화비 소득공제 전용 가맹점(오프라인 매장, 온라인 사이트, 모바일 등)에서 신용카드 등으로 도서, 공연 티켓, 미술관, 음악홀, 박물관 입장권 구매한 사실을 확인할 수 있어야 한다. 공제 가능한 사업자인지 확인은 문화포털(www.culture.go.kr)에서 할 수 있다. 제도에 대한 설명과 적용 상품에 대한 내용을 확인하고 활용하자.

그러나 도서와 문구 결합 상품 결제 시 문화비 소득공제가 불가능한 경우도 있다. 결합 상품을 한 번에 결제할 경우가 바로 그것이다.

도서 결제분에 대해서는 별도 금액 책정을 하여 도서 결제분은 문화비 소득공제 전용 단말기로 결제하고, 문구류는 일반 결제 전용 단말기로 결제를 한다면 문화비 소득공제 적용이 가능하다는 예외사항도 참고하자. 이 모든 것을 알아서 공제해주면 좋으련만 부지런한 자만이 이 혜택들을 누릴 수 있다.

혹 바빠서 신고 기간이 지난 경우에는 5월 종합소득세 과세표준 확정신고를 하면서 누락된 소득, 세액 공제를 반영할 수 있다. 홈택스 홈페이지 접속 로그인 → 신고/납부 → 종합소득세 클릭 → 근로소득 신고 → 정기신고 → 회사 제출 연말정산 내역을 불러와 누락분 수정사항 입력 → 신고서 제출의 과정을 거치면 된다.

매달 월급에서 먼저 빠져나가는 소득세는 연말정산을 거쳐 내 소득세를 확정하게 된다. 따라서 연말정산을 하지 못했거나 누락된 공제 항목이 있다면, 앞으로는 '종합소득 과세표준 확정신고' 또는 '경정청구'를 통해 추가공제를 꼭 받을 수 있도록 하자.

또 하나 소개하고 싶은 항목은 전통시장 공제다. 기획재정부는 전통시장 활성화를 지원하기 위해 기존 40%의 신용카드 소득공제율을 50%로 확대한다고 하니 그 혜택은 아는 우리가 누리면 된다. 전통시장의 먹거리, 의류 구매 비용 등을 지원함으로 내수 시장을 활성화 한다고 하는데 편안한 백화점과 마트만 찾던 지출처를 전통시장 활성화를 위해 늘려보는 것도 좋은 선택이 될 것이다. 본인이 더 유리한 쪽을 잘 생각해보고 최대한 많은 절세를 받을 수 있도록 노력하자.

04장

스터디 모임처럼
돈 관리도 모임이 필요하다

당신에게 파트너가 필요한 이유

혼자 할 수 있는 일은 매우 적다. 힘든 일일수록 그러하고 오랫동
안 지속해야 하는 경우는 더욱 그러하다. 눈앞에 폭풍 같은 일상으로
힘들어하는 우리가 매일의 지출을 챙기고 제어한다는 것은 결코 쉬
운 일이 아니다. 감당할 수 없을 만큼 치솟는 집값과 물가를 이길 만
한 연봉(수입) 상승은 현실적으로 불가능하기에, 우리는 지속 가능한
지출 제어를 요구받게 될 것이다.

앞 장에서 언급한 지출 제어 방법들은 시중에 널리 알려진 방법들

과 다르다. 그 일반적인 방법들을 이해하고 실천할 수 없었던 초보인 나 자신도 그들처럼 나아지고 싶어서 만들어낸 방법으로 분명히 차별화를 시켰다고 생각했지만 큰 문제가 있었다. 이 과정은 혼자 해야 했고 누군가와 함께하고 싶으면 이 방법을 개념부터 전파하는 과정이 필요했다. 당장 개선되기를 원하는 그들에게 이 과정은 매우 지루했을 것이고, 파트너 없이 홀로 이 방법을 지속하기도 무척 힘들었을 것이다. 따라서 여러분은 파트너를 꼭 찾았으면 한다.

혹 이 책을 통해 이 방법이 몸에 맞고 익숙해진 분들이 계시다면, 같은 마음으로 오프라인 정기모임을 만들어 정보도 공유하고 좋은 성과를 지속할 수 있으면 참 좋겠다는 생각을 했다. 그런 꿈을 꾸며 이 책을 썼다. 책을 쓰는 과정은 생각보다 매우 고통(?)스러웠지만, 좋은 파트너들이 생긴다면 충분히 감수할 수 있을 만한 것이라 생각했다. 공유할 만한 정보는 차차 올리도록 하겠다(https://lifeconsulting.co.kr/).

사회생활 중 웨딩컨설팅 총괄부장으로 VIP 상담을 했고 결혼을 준비하는 많은 사람들을 만나며 다양한 사례를 접하기도 했다. 만난 분들 중에는 이미 경제적으로 탄탄히 준비된 분들도 계셨고, 사랑으로 부족함은 함께 극복하자는 분들도 계셨다. 돈 관리 분야에 관심이 있던 터라 VIP 상담 중에 통장을 관리하는 법도 말씀드리며 그분들의 이야기도 들을 수 있었다. 결혼 전부터 공동 통장을 만들어 지나친

데이트 비용을 줄이며 결혼 비용에 돈을 보태 온 분들도 계셨고, 결혼 후에도 각자 수입은 묻지 않고 각자 통장을 관리하겠다는 분들도 계셨다. 각자 통장을 사용하겠다는 분들의 경우는 결혼 후 생활비를 계산해서 필요한 금액만큼 매월 공동 통장으로 입금하는 것 외에는 서로의 지출에 관여하지 않겠다는 내용이었는데, 특이하다는 생각을 잠깐 해 보았을 뿐 어려울 것은 없어 보였다. 그 이유는 두 사람 모두 돈에 대한 가치관이 비슷했기 때문이다.

물론, 문제가 되는 상황도 있었다. 결혼하려는 두 사람이 서로 생각하는 지출의 A, B, C(후회지출) 기준이 너무나 다른 경우였다. 수입에 대한 현실감이 부족하고 보여지는 것이 너무나 중요한 신랑과, 실속이 중요하지 상대 기준은 중요하지 않다는 신부는 평소 대화를 할 땐 문제가 없었지만, 돈과 관련된 이야기가 나오면 타협점을 찾을 수 없었다.

다양한 의견을 참고해서 나쁠 건 없다

지속적으로 돈 관리가 필요하기에 다양한 선택지를 강요받게 될 것인데, 그 어려움을 혼자 고민하며 혼자만의 세계를 지속적으로 그리다 보면 현실과 동떨어진 결론을 내는 경우도 발생할 수 있다. 결론은 스스로 내리고 책임지는 것이지만, MBTI처럼 A, B, C(후회지출) 구분 기준이 공감되는 파트너와 반대되는 파트너에게 의견을 물으며 참고하는 방향을 다양화할 수 있어야 한다. 그래야 추후 후회되는 경우를 줄이며 돈에 대한 바른 개념도 스스로 가져갈 수 있을 것이다. 개인적인 어려움을 함께 극복할 수 있는 파트너가 곁에 있다면, 포기하고 싶은 상황도 함께 이겨낼 수 있다. 큰 원동력이 되기에 지출을 기록하고 개선시키는 데 도움이 될 것이다.

이 책은 꾸준히 가계부를 작성하자는 것과 반대되는 생각을 가지고 만들어졌다. 나 스스로가 가계부 작성을 지속하기 어렵기 때문이었는데, 대신 지출하기 전 반드시 A, B, C 기준의 어디에 해당되는지 생각하고 지출한다. 지출 제어 기준을 고민하는 습관을 적용하고 있으니 가계부를 작성할 때 얻는 최소한의 효과는 누리고 있는 것이다. 작성된 가계부를 보고 있자면 채운 과정이 뿌듯하고 나 자신이 무언가 나아지고 있다는 착각에 빠지게 된다. 그러나 그 기록으로 내가 변화되지는 않는다. 그 기록을 근거로 나의 잘한 점과 개선할 점, 후회되는 부분이 무엇인지 모니터링을 해야 한다. 실수(후회)가 반복되지 않도록 행동을 바꾸어야만 가계부 작성에 의미가 있는것이다. A, B, C 지출 기준을 고민하고 파트너와 이야기를 나누며 지출에 대한 생각을 개선시키는 행동은 가계부 작성으로 통장 잔고를 개선시키는 목적과 유사한 효과를 준다(월, 분기 등 시기를 정해 놓고 한 번쯤은 기록하며 A, B, C를 구체화시키는 것이 더 큰 효과를 낼 수 있다는 점도 참고하자).

또한, 최근 통장 잔고를 늘리기 위해 친구와 대화하다 배운 새로운 방법이 있는데, 지출 제어 파트너가 있다면 이렇게 좋은 방법을 공유할 수 있는 사례가 될 것 같아 소개한다. 개인사업을 하는 이 친구는 매일 10만 원씩 저금하기를 실천한다. 매일 체크카드에 10만 원을 넣어 두고 생활하는데, 밥을 먹거나 커피를 사 먹는 등의 지출 후엔 남은 금액을 매일 저금한다. 오늘 5만 원을 썼다면 10만 원에서 사용한 금액을 뺀 나머지를 체크하고 저금한 뒤 잠자리에 든다. 어제는 밥을 싼 거 먹었는데 왜 2만 원이 넘었냐며 비싼 밥값에 투덜거렸다. 하루 두 번 밖에서 밥 먹고 커피를 마시니 저금할 돈이 부족하다며 모니터링했고, 오늘부터 외식은 하루 한 번으로 조절하겠다고 한다.

드라마나 연예기사 등 재미있는 이야깃거리도 충분히 많고, 이야기 상대가 되어 주는 좋은 지인들도 주변에 많을 수 있다. 하지만 지출 제어 파트너로 서로가 적합하다는 사실을 확인한 뒤 우리는 대화 중 공유할 정보가 더 많아졌고 개인적인 어려움도 더 많이 이야기하게 되었다. 돈이라는 비밀스러운 이야기를 나누어서 마음이 열린 것인지는 아직 잘 모르겠지만 분명한 것은 혼자 고민하는 것보다 구체적인 조언을 구할 수 있어 참고가 되고, 서로 어려운 상황은 응원할 수 있어 힘이 생긴다는 점이다.

돈은 권력과 지위가 되어버렸다. 그렇기에 상대와 나의 계급이 드러날까 봐 모두와 공유할 수 있는 이야기는 아닐 것이다. 나누었던 이야기가 추후 나에게 불편한 화살로 되돌아오거나 가십거리가 될 수 있으니 아무에게나 마음을 열어서도 안 된다. 나 자신을 존중해 주고 서로의 걱정을 긍정적으로 바라볼 수 있는 눈을 가지고 있으며, 상대의 성공을 진심으로 응원해 줄 수 있는 좋은 파트너를 만나길 바란다.

책을 통해서도 좋은 기회가 만들어져 좋은 분들과 서로에게 도움 되는 이야기를 나눌 시간도 생기면 좋겠다. 과거 방영했던 '영수증'이라는 프로그램처럼 서로의 지출에 A, B, C에 대한 의견도 나눌 수 있기를 고대한다. 그런 과정을 통해 지출 후 만족도는 계속 개선될 것이다. 당신의 더 나은 내일도 진심으로 응원해 본다.

미래의 나를 책임지는 건 누구인가

'나'라는 가치를 올려보자

지출 후 만족도를 개선시키기 위해 직접 겪으며 만들어 온 다양한 내용들을 정리해 본다. 제일 말씀드리고 싶은 것은 가계부를 별도로 구입하여 사용하지 말라는 것이다. 사용하던 수첩이나 달력에 기록하고 주별 혹은 월별 정기적으로 정리하면 된다. 목적은 나의 지출패턴을 파악하는 것이지 기록이 아니니까, 더 이상 예쁜 펜을 여러개 사용하여 가계부를 작성하지는 않는다('습관 형성'이 목표임으로 어느 시점이 되면 더 이상 기록하지 않고 삶에 집중한다. 가끔 지나치다 싶은 정도가 느껴지면 점검 차원에서 일정 기간 작성하는 형태로 지출 기록을 활용하고 있다.).

'나'라는 집을 만들기 위해 차곡차곡 벽돌을 쌓아가는 성실함도 중요하지만, 내 가치를 더하기 위해 내실을 다지고 여러 가구를 통해집의 가치를 증대시킬 수 있다. 한 번에 많은 가구를 구입해서 집을 꾸미는 것은 부담되니, 평소에 하나씩 소품(습관)을 늘려가 보자.

필자의 운영 방향은 가심비이다. 이는 남이 정한 기준이 아닌, '미래의 내가 평가'하는 내 만족도가 기준이 된다. 각자의 기준을 정립하는 것은 긴 시간이 필요하므로 필자가 어떤 생각으로 그 기준을 정립해왔는지 과정을 공유하면 도움이 될듯하여 필자 노트 일부도 기술해 본다.

내 몸값을 올리는 자기관리

주변 시선과 평가를 무시하고 나만의 세계에 살 수는 없는 것이기에, 어떤 모습을 갖추어야 나의 가치를 인정해줄지 고민하며 7가지 항목으로 관리항목을 구분해보았다.

① 목표 관리
② 시간 관리

③ 통장 관리

④ 사람 관리

⑤ 멘탈 관리

⑥ 리스크 관리

⑦ 습관 관리

위 주제로 십수 년에 걸쳐 기업과 기관에서 강의를 해왔는데, 그중 청강자 만족도가 가장 높았던 것은 '시간 관리'와 '통장 관리'였다. 가심비를 삶에 적용시키는 큰 그림과 누구나 활용할 수 있는 액션 플랜을 구체화시켜 이렇게 책으로 정리를 하게 되었다. 다만, 활동 시트 공유만으로 마무리하기에는 10년 이상 고민해온 이 가치가 모두에게 지속되기에 부족할까 걱정되어, 필자가 가심비 기준을 잡은 시간 관리 주요 키워드를 하단에 일부 공개하오니 참고가 되면 좋겠다.

통장 관리에도 흐름이 있다

- 돈 관리의 근본은 경력 관리이다. 내가 어떻게 지속적은 수입을 만들것인지 고민되어야 한다.
- 전문성을 증대시켜서 여유시간을 만들자. 월급을 올리고 업무에 대한 효율성을 높인 뒤 추가 수입에 대한 부분도 기왕이면 본인 분야를 활용하는 방향으로 고민해 보면 좋겠다.
- 월급을 올린 이후에 지출 관리를 하는 것이 효율적이다. 수입이 전제되고 안정화되지 않으면 이 부분은 의미가 없다.
- 지출 중 생존지출(OX지출 중 'O')을 정의하여 반드시 이 금액(생존지출 + 50%) 이상은 벌어야 한다는 사실을 인지하고, 생존지출 이외의 영역에서 저축 가능한 부분을 체크하자.
- 지출 중 후회지출(ABC지출 중 'C')을 정의하여 월별, 분기별 평균금액을 산출하자. 어떤 항목이며 어느 시점에 후회지출이 많이 발생하는지 파악하여 반복되는 후회를 줄여내자.

- 연 고정지출을 파악하여 죽음의 달(지출 최다인 월)을 지정하여 그 달 만기되는 적금을 준비하자. 매년 그 시점 카드 사용금액을 살펴보는 것도 좋겠다. 미리 준비하여 할부를 막자!
- 물레방아를 돌려서 숨통자금을 확보하자. 월 40만 원으로 6개월마다 240만 원 목돈(?)을 확보하여 부채를 상환하거나 이벤트 비용으로 사용하며 숨을 좀 쉬어보자. 월급은 나오지만 매번 부족하여 숨을 쉬기 힘든 일상에 숨통이 트여지는 정기적금을 활용하여 신용과 할부를 잡아내자.

지출 관리 적용법

- 초보용: OX지출 (O: 생존지출 금액 파악)
  - 최고 중요 키워드: 'O' ─ '안 쓰면 죽냐'(생존지출)
  - 생존에 필수적인 최소한의 금액 'O' 확인. 궁상떨지 않고 생존

할 최소 기준을 알아보자.

- 중급용: ABC지출 (C: 후회지출 항목 / 금액 파악)

  - 최고 중요 키워드: 'C' ─ '괜히 썼다'(후회지출)

  - 돈 쓰고 후회! 힘들게 벌었는데 왜 반복하는가! 없어도 되었던
    그 돈은 미리 저축하자.

지출 관리의 흐름

- 수입- 'O_생존지출' = 생활여력비용 / 저축 가능 구간 확인

- 'C_후회'지출 내역 및 기간별 평균 금액 확인

- C의 평균액 중 30% 적금 가입

- 적금 = 수입의 3배인 비상금통장 마련(CMA통장)

- 매월 40만 원 '돌아라 물레방아' 적금 운영

- 1년 지출 캘린더 작성으로 월별 지출 금액 기록

- '죽음의 달' 수령하는 적금 가입

- A = 만족, B = 애매함, C_후회지출로 구분

- 후회지출 추가 적금 운영(적금보다 유동성 있는 투자형)

- 전체 그림을 본인 흐름에 맞추어 수정하고 이를 지속함!

통장 관리하는 법

- 월급통장: 수입을 한 곳으로 통합 관리(고정지출 자동이체 설정. 이외 금액

  다른 곳으로!)

- 적금통장: 쓰고 남는 돈이 아닌 적금 먼저 실천하자(저축여력 확인은

  OX 먼저!).

  − 첫 적금 목적은 비상금통장 만들기. 혹은 CMA 등 매일 수익이

    증가하는 통장 만들기.

– 단기는 인터넷 은행, 중기는 펀드, 장기는 보험 등 기간별 투자을 방법 다르게 하고 금액은 분산.

– 비상시 해약을 고려하여 단기 적금도 2개로 구분. 사업비를 각자 떼더라도 유동성 확보.

적금①. 돌아라 물레방아 월40만. 6개월 단위 대출금상환, 전자체품 교체, 행복비용 등 활용

적금②. 죽음의 달 대비용 적금. 목돈이 들어가는 그 달에 만기되는 적금 가입

적금③. 목적적금: 처음은 3개월, 6개월 등 짧게 시작해서 성공경험 가질 수 있는 작은 적금. 추후에 500만 원 이상 적금이 모이면 그 돈을 예금으로 전환하여 모인 돈 또한 일하게 하자.

• 생활비통장: 수입(생존지출+고정지출)과 적금 외 전액은 이곳으로 이전하여 사용(체크카드)

• 투자금통장: 생활비통장에 잔액을 늘리려 애써보자. 그 잔액이 월별 얼마나 모이는지 1년간의 통장상태를 모니터링하여 투자 금통장도 정기적 적금처럼 생활비통장에서 이체 후 사용(잃더라도 큰 타격이 없는 일정 금액을 설정하여 투자는 연습을 해야 한다. 내 미래를 위해!).

이익을 창출하기 위해 후회를 전환하라

통장 관리에서 적용된 가심비를 O, X와 A, B, C로 구분했듯이, 시간 관리에서는 소득형, 소통형, 투자형, 소비형, 충전형으로 나의 시간을 구분해 봤다. 숫자를 감성 키워드로 전환한 사례를 살펴본다면 본인 가심비를 만드는 데 도움이 될듯하여 일부 공개한다.

① 소득형: 나의 사용된 시간이 통장에 입금되는 시간 (직장인의 일 8 시간, 학생 수업시간)

② 소통형: 사람들에게 사용된 이 시간을 통해 관계가 형성 (가족, 대

인관계 등 만남의 시간)

③ 투자형: 지금의 투자 시간이 미래의 내 몸값을 올리는 시간 (운

동, 자격증 취득 등)

④ 소비형: 나의 시간 소비 패턴을 확인하기 위해 무엇을 했는지

꼼꼼히 기록하면 의미 없이 흘러보내는 바람에 기억이 안 나는

바로 그 시간

⑤ 충전형: 핸드폰의 기능이 구현되려면 충전이 필요하듯 '취침'시

간을 이렇게 표현함

목적은 기록이 아닌 '이익을 위한 후회의 전환'이다. 이곳에서 말

하는 후회는 ④소비형 시간이다. 어떻게 썼는지 모르는 그 시간을 ③

투자형 시간으로 전환하는 것이 필자의 방향성이다. 하지만 사용자

의 우선순위에 따라 개선시키는 형태는 다를 수 있다. 불필요한 만남

이 많다고 느끼면 ②소통형을 ①소득형으로 설정하여 만나는 사람의

성격을 변경하기도 하고, 관계를 중시하면 ④소비형을 ③소통형으로 전환하여 가족 및 지인과의 시간을 늘려가기도 한다. 건강을 중시하면 ①소득형을 효율적으로 축소시켜 ⑤충전형으로 전환하는 경우도 있는 등, 가심비의 기준은 본인의 바람에 따른다. 옳고 그른지 결과는 미래의 본인이 판단한다.

이 책을 펼친 독자에게 하는 마지막 당부

'이끌든지, 따르든지!*follow or follower*'라는 문장을 본 적 있는가? 이끌지 않으면 따르게 되고, 따르지 않을 거라면 이끌어야 한다는 간단한 문장이다. 그런데, 이 문장은 이렇게 읽을 수도 있다. 본인이 책임을 지든지, 책임을 지지 않고 결과를 수용하든지. 하지만 어째서인지 필자는 '책임지는 부담이 싫고 힘들어서 일단 따라가지만 불평·불만이 많은 사람'을 훨씬 많이 보았다. 이 책을 읽은 사람이라면 자기 인생의 우선순위를 스스로 정하고 미래의 책임도 본인이 지면 좋겠다. 이 것만큼은 확실하다. 더 완성된 내일을 위해서라면 지금은 힘든 것이 옳다. 그 힘듦이 미래의 나를 더욱 단단하게 만들 것이다.

앞으로 부족한 필자보다 더 만족스러운 삶을 살아갈 여러분을 진 심으로 응원한다.

돈 걱정
없이
살고 싶은
너에게

초판 1쇄 발행 2023년 10월 31일

지 은 이   김도윤
펴 낸 이   김동하

편   집   이주형
마 케 팅   강현지

펴 낸 곳   부커
출판신고   2015년 1월 14일 제2016-000120호
주   소   (10881) 경기도 파주시 산남로 5-86
문   의   (070) 7853-8600
팩   스   (02) 6020-8601
이 메 일   books-garden1@naver.com
인스타그램   www.instagram.com/thebooks.garden

ISBN 979-11-6416-179-9 (03320)